Princípios da Gestão Eficaz

Princípios da Gestão Eficaz

Gerenciando pessoas segundo o Livro de Provérbios

Dr. Michael A. Zigarelli

Traduzido por
Luciana Alves Valadão de Miranda

Editora Mundo Cristão
São Paulo

Dados Internacionais de Catalogação na Publicação (CIP)
(Câmara Brasileira do Livro, SP, Brasil)

Zigarelli, Michael A.
Princípios da gestão eficaz: Gerenciando pessoas segundo o Livro de Provérbios / Michael A. Zigarelli; traduzido por Luciana Alves Valadão de Miranda – São Paulo: Mundo Cristão, 2003.

Título original: Management by proverbs: applying timeless wisdom in the workplace.

Bibliografia.

ISBN 85-7325-227-8

1. Administração – Aspectos religiosos – Cristianismo 2. Bíblia A.T. Provérbios – Crítica e interpretação 3. Capacidade executiva – Ensino bíblico I. Título.

02-6515 CDD-658

Índice para catálogo sistemático:
1. Administração: Aplicação do Livro de Provérbios 658

Publicado originalmente por Moody Press, Chicago, EUA.

Título Original em Inglês: Management by Proverbs

Capa: Cláudio Souto

Revisão: Omar de Souza
Theófilo José Vieira

Os textos das referências bíblicas foram extraídos da versão Almeida Revista e Atualizada, 2ª edição, salvo indicação específica.

A 1ª edição brasileira foi publicada em junho de 2003, com uma tiragem de 4.000 exemplares.

Associação Religiosa Editora Mundo Cristão
Rua Antônio Carlos Tacconi, 79 – CEP 04810-020 – São Paulo – SP – Brasil
Telefone: (11) 5668-1700 – Home page: www.mundocristao.com.br

Editora associada a:
- Associação Brasileira de Direitos Reprográficos
- Associação Brasileira de Editores Cristãos
- Câmara Brasileira do Livro
- Evangelical Christian Publishers Association

10 9 8 7 6 5 4 3 2 1 03 04 05 06 07 08 09 10 11

Dedicatória

Para Tara, minha esposa, minha amiga e minha editora.
Você traz significado às palavras de Provérbios:

"Mulher virtuosa, quem a achará?
O seu valor muito excede o de finas jóias.
O coração do seu marido confia nela, e não haverá falta de ganho.
Ela lhe faz bem e não mal, todos os dias da sua vida."

Provérbios 31:10-12

Sumário

Agradecimentos

Devo muito aos amigos da Moody Press, que ofereceram seu tempo e suas habilidades à realização deste projeto. Um agradecimento especial a Jim Vincent pelas dicas editoriais e muitas sugestões sábias. Muito obrigado também a Jim Bell e Bill Soderberg por seu auxílio valioso na elaboração de um conteúdo que beneficiará um grande número de gestores, de presidentes de empresa a supervisores iniciantes, de pastores a pessoas que administram organizações de caridade. Eles contribuíram significativamente para a qualidade deste livro.

Introdução

Por que administrar usando o Livro de Provérbios?

Os problemas eram enormes, ou mesmo insuperáveis. Há pouco tempo, Robert Frey tinha comprado a Cin-Made Corporation, uma empresa pequena de Cincinnati que fabricava tubos, latões para carga e recipientes resistentes para papel. Durante 25 anos, a Cin-Made tinha sido controlada por um autocrata que trabalhava numa jornada de 80 horas semanais para fazer um microgerenciamento de cada detalhe da operação. Como resultado, quase toda a mão-de-obra – algumas dezenas de funcionários sindicalizados – enxergou a administração como uma adversária. As relações entre eles eram contenciosas, as definições de trabalho eram estreitas e rígidas, e os trabalhadores simplesmente trabalhavam oito horas por dia, indiferentes a lucros ou perdas da empresa.

Para piorar as coisas, os custos operacionais estavam fora de controle, e continuavam a aumentar. Um acordo coletivo concedeu aos funcionários um aumento de 27% a ser dado nos três anos seguintes, e os sindicalistas esperavam que esta trajetória crescente do salário não revertesse. Qualquer tentativa de mudar o acordo seria certamente motivo para uma greve durante as próximas negociações.

Os problemas dos funcionários da Cin-Made refletiram nos seus sistemas de vendas e distribuição. Mais de 25% de todas as remessas chegaram atrasados, e a empresa estava à beira de perder seu cliente mais importante. Os lucros, que tinham ficado entre 1% e 2% das vendas por algum tempo, caíram para zero com o novo contrato de trabalho, e o mercado altamente competitivo no qual a Cin-Made operava estava ficando ainda mais difícil.[1]

Achando Respostas no Passado

O que Frey poderia fazer para contornar os problemas da empresa que acabara de adquirir? Ao longo dos últimos 200 anos, teóricos das áreas de Administração e Economia sugeriram soluções para a condição que afligiu a Cin-Made. Mas a teoria de administração de pessoal é muito mais velha do que isso; podemos, de fato, localizá-la nos tempos do primeiro legislador de Israel, Moisés.

Como a senhora que tinha sido a última proprietária da Cin-Made, Moisés deu um passo em falso ao insistir em tomar todas as decisões e resolver todos os problemas das pessoas. Em Êxodo 18, o seu sogro, Jetro, fez uma observação inteligente: "Não é bom o que fazes. Sem dúvida, desfalecerás, tanto tu como este povo que está contigo" (vv. 17b-18a). Como o primeiro consultor de administração registrado nas Escrituras, Jetro fez ainda mais uma observação: "Procura dentre o povo homens capazes, tementes a Deus (...) põe-nos sobre eles por chefes de mil, chefes de cem, chefes de cinqüenta e chefes de dez" (v. 21). Segundo a escola de pensamento de Jetro, a antiga proprietária da Cin-Made deveria ter começado a solucionar os problemas criando uma estrutura de gerentes "capazes" de médio escalão.

Se avançarmos alguns milhares de anos, veremos homens como Adam Smith, John Stuart Mill e David Ricardo, que propunham uma perspectiva econômica neoclássica em administração de pessoal: trate trabalho e capital como substitutos um do outro. Durante a Revolução Industrial, nos Estados Unidos, este paradigma funcionou como sistema-guia, e pode ser uma forma de analisar o caso da Cin-Made: para motivar os trabalhadores, é preciso supervisioná-los constantemente, falar palavrões, ameaçá-los de demissão com freqüência e, vez por outra, acelerar a produção para lembrar quem manda no negócio. Este poderia ser o remédio para as *doenças* da Cin-Made?

Alguns poderiam argumentar que, em vez disso, a Cin-Made precisa adotar um gerenciamento científico, uma abordagem mais branda da teoria de Frederick Taylor. Usando princípios de engenharia, Taylor conduziu estudos sobre tempo e movimento e determinou quantos segundos cada tarefa humana deveria requerer e quanto esta tarefa valia. Ele defendia que as pessoas deveriam ser remuneradas com base exclusivamente no que elas produziam. Talvez esta seja a resposta mais adequada para Robert Frey.

Outra opção para ele seria adotar uma abordagem mais paternalista. No século XX, esta teoria teve dois representantes prósperos e inovadores: Henry Ford e John D. Rockefeller Jr. A teoria de Ford era pagar o que se poderia chamar um "salário eficiente" – bem acima do mercado em 1914, quando se pagavam cinco dólares por dia – para motivar os funcionários a trabalhar mais duro, obedecer às regras da empresa e viver uma vida exemplar fora do local de trabalho. A tese do seu contemporâneo, empresário cristão evangélico John Rockefeller Jr., era a de que uma pessoa poderia produzir e poupar mais através de um "capitalismo de bem-estar", um sistema no qual os funcionários não só receberiam um salário decente, mas uma casa, descanso adequado, planos de saúde e odontológico gratuitos, férias remuneradas, uma pensão e informações sobre decisões administrativas.[2]

Finalmente, Frey poderia aceitar o pensamento atual sobre administração de pessoal e tratar os funcionários como um investimento, em vez de um custo. Voltando-se para a abordagem de Rockefeller, que já foi considerada radical, as "práticas de alto desempenho no trabalho" são consideradas uma panacéia às questões intermináveis sobre a produtividade dos funcionários que perseguiram Frey e muitos outros que trabalharam com gerenciamento.[3] Ken Blanchard, autor de *O gerente-minuto* (Editora Record) e de muitos outros *best-sellers* empresariais, disse claramente "Hoje em dia, você compra uma briga se disser aos gerentes que as pessoas são o seu recurso mais importante."[4] Da mesma forma, Peter Drucker, freqüentemente citado como o pai da teoria de administração contemporânea, escreveu: "Executivos gastam mais tempo administrando pessoas e tomando decisões sobre elas do que em qualquer outra coisa."[5]

De fato, através dos tempos, as empresas têm dispendido muita energia no desenvolvimento e no teste de filosofias de administração de pessoal. Mas, devido às imprevisíveis e freqüentemente variáveis humanas no sistema, ainda temos de construir um modelo ideal de causa e efeito que otimize o desempenho organizacional e possa ser usado em diferentes épocas e ambientes. Deste modo, não podemos dar a Frey uma resposta simples e completa. E o que complica ainda mais qualquer teoria de administração de funcionários são as preocupações éticas. Gerenciar pessoas – homens e mulheres com aspirações pessoais, obrigações familiares e almas – é uma tarefa que nos *presenteia* com questões peculiares e problemáticas, quando se desenvolve uma fórmula administrativa.

Devo dizer explicitamente, logo no início, que o conteúdo deste livro não faz nenhuma asserção de uma fórmula miraculosa, que possa ser usada em toda e qualquer situação. Este projeto pode ser simplesmente considerado mais uma iniciativa da antiga tradição de se pretender teorizar sobre administração de pessoal.

Contudo, o que este livro afirma é que a *teoria* aqui contida é de um gênero diferente, que não se baseia na observação empírica e na inferência humana, mas num livro do Cânon Sagrado. Os 19 princípios administrativos contidos neste texto são fundamentados completamente na sabedoria do Livro de Provérbios.

Um Perfil do Livro de Provérbios

O renomado professor da Bíblia, Chuck Swindoll, classifica o Livro de Provérbios como "o livro mais prático do Antigo Testamento e, de muitas maneiras, o livro mais prático de toda a Bíblia".[6] Contraponto aos Salmos, que fornece uma reflexão a respeito de como se relacionar com Deus, o Livro de Provérbios oferece aconselhamentos sobre como as pessoas deveriam relacionar-se umas com as outras e com o mundo ao redor delas. O livro contém sábios aconselhamentos na área de tomada de decisões empresariais e na compreensão de pessoas, incluindo aquelas que trabalham juntas de segunda a sexta-feira.

Antes de compilarmos os princípios de administração deste recurso inspirado por Deus, vejamos um pouco dos antecedentes deste livro. Estruturalmente, o Livro de Provérbios é composto por 31 capítulos e contém, principalmente, as declarações de Salomão, o terceiro e mais sábio rei de Israel (1 Rs 3:12). O livro também inclui os "preceitos e admoestações dos sábios" e de Agur (capítulos 22:17–24:34 e 30, respectivamente). Ao fim de Provérbios, encontramos os "Conselhos para o rei Lemuel" e o epílogo sobre a esposa de caráter nobre (Pv 31). A maior parte de seu conteúdo é datada tradicionalmente do século X a.C.

Em contraste com a história, a biografia e as profecias do restante do Antigo Testamento, o Livro de Provérbios é uma obra filosófica que procura responder à eterna pergunta: "Como nós deveríamos viver?" Como tal, fala de todos os assuntos relevantes da vida e, não por acaso, nos disponibiliza uma quantidade impressionante de conselhos em assuntos empresariais. Emprestado do trabalho de Roy B. Zuck, o quadro 1 resume esses temas com a aplicação mais evidente para administração.[7]

QUADRO 1

TEMAS DE PROVÉRBIOS APLICÁVEIS À ADMINISTRAÇÃO

TEMA	CONSELHO ESPECÍFICO
Conselho para líderes	Sejam honestos, humildes, justos, confiáveis, controlados e sóbrios
Dinheiro	Evitem esquemas que prometem riqueza rápida e fácil, preços injustos, cobrança de juros exorbi-

	tantes e suborno; reconheça as conseqüências ruins de se ganhar dinheiro desonestamente, a capacidade do dinheiro para motivar as pessoas a trabalhar; compartilhe seu dinheiro generosamente com os pobres.
Uso adequado das palavras	Use palavras que transmitam sabedoria, encorajem, protejam e edifiquem.
Uso inadequado das palavras	Evite a mentira, a calúnia, a fofoca, a falsidade, a zombaria, fala perversa, ostentatora, lisonjeira ou agressiva.
Virtudes	Mostre coragem, diligência, humildade, generosidade, honestidade, integridade, benevolência (em relação aos pobres, aos necessitados e aos animais), amor, paciência, autocontrole, confiabilidade, sobriedade, educação e sinceridade.
Vícios	Não adquira dinheiro desonestamente, não fique bravo ou perca a paciência, não suborne, não se torne um bêbado, um invejoso, um avarento, um hipócrita, uma pessoa injusta, ciumenta ou preguiçosa; não oprima o pobre e não seja orgulhoso.
Trabalho e família	Seja fiel ao seu cônjuge; priorize a família sobre o trabalho.

Quando aplicamos os princípios do Livro de Provérbios às relações humanas no local de trabalho, eles oferecem parâmetros para (1) a construção de uma força de trabalho competitiva; (2) cultivar uma cultura de compromisso; (3) avaliar e recompensar o desempenho; e (4) minimizar esforços. Exploraremos cada uma destas quatro áreas nas partes 2 a 5. Primeiro, porém, devemos considerar a relevância da contemporaneidade de Provérbios e rever algumas regras, com o objetivo de interpretá-lo corretamente. Assim, veremos (na parte 1) algumas atitudes pessoais e atributos do gerente que se tornarão muito eficazes com a aplicação dos princípios do Livro de Provérbios no local de trabalho.

Você pode perguntar: "Por que não ir direto à aplicação de Provérbios às funções empresariais tradicionais?" Porque a aplicação eficaz do conteúdo desse livro bíblico depende de uma interpretação precisa, além da capacidade do leitor de reconhecer suas atitudes pessoais. Isto é fundamental para alcançar um sucesso duradouro em administração através de Provérbios. Ao ignorar este embasamento, você alcançará poucos dos resultados desejados e, por fim, abandonará o esforço completamente.

POR QUE OS PROVÉRBIOS ANTIGOS?

A primeira pergunta que surge em qualquer estudo desta natureza é: Por que Provérbios? Por que usar idéias de outros tempos e outra cultura? São elas verdadeiramente superiores aos conceitos contemporâneos, no que se refere à nossa experiência? Para responder a isto, olhemos primeiro as credenciais dos seus autores.

SALOMÃO E OS NEGÓCIOS

Como citado anteriormente, a maioria dos provérbios tem como fonte a mente do rei Salomão. Ele alcançou notoriedade por muitos de seus feitos: construiu um templo magnífico, manteve intacta uma nação politicamente dividida, tinha 700 esposas e 300 concubinas e escreveu três mil provérbios e 1.005 hinos (veja 1 Rs 11:3; 4:32).

John Bright, talvez o principal historiador do Antigo Testamento de nossos dias, escreveu que "a verdadeira genialidade de Salomão (...) está no domínio da indústria e do comércio".[8]

Salomão conhecia os negócios. Sob sua liderança, a indústria de cobre de Israel, assim como as atividades de comércio de cavalos, carruagens e outros bens foram consolidadas como empreendimentos estatais e transformadas em iniciativas tremendamente lucrativas. Conseqüentemente, ao longo dessa era, Israel acumulou uma vasta riqueza e desfrutou, como nunca antes, de prosperidade econômica. Por isso, as reflexões ao longo do Livro de Provérbios são oferecidas por um homem de negócios sagaz.

Provérbios foi escrito há séculos, por um *diretor presidente* que não conhecia o peso de nossa realidade empresarial e se dirigia a uma cultura imensamente diferente da nossa. Salomão não morou em um mundo de competição global, mensagens eletrônicas e qualidade administrativa total. Ele não conhecia acionistas e não tinha de negociar com sindicatos. Ele tinha poder de monopólio sobre toda a indústria. Ele poderia reescrever qualquer política governamental da qual não gostasse, e não poderia ser despedido. Não obstante a capacidade administrativa de Salomão, o ambiente empresarial de 900 a.C. era tão diferente em relação ao nosso que a aplicação de seus conselhos poderia parecer uma irresponsabilidade, ou mesmo falta de inteligência. O bom-senso sugeriria, então, que o conhecimento específico do tempo do rei – e sua cultura – não poderia ser generalizado milênios afora.

AS ESCRITURAS INSPIRADAS

O senso comum, entretanto, costuma ser uma ferramenta analítica imperfeita para interpretar algo tão incomum como as Escrituras Sagradas. Quando consideramos se devemos aplicar idéias de 3 mil anos de idade, devemos lembrar que os autores do Livro de Provérbios, como todos os outro da Bíblia, são realmente co-autores com Deus. Um pilar central da teologia cristã é que os autores humanos das Escrituras escreveram sob a inspiração do Espírito Santo de Deus (2 Tm 3:16; 2 Pe 1:20,21). Eles não estavam recebendo as informações como num ditado, nem lhes era requerido comprometer suas personalidades ou seus estilos literários. Da mesma forma, eles não estavam simplesmente desenvolvendo as suas próprias teologias. O Espírito de Deus os guiou para que transmitissem uma mensagem não somente para suas comunidades locais, mas para todas as pessoas, por todas as gerações.

Assim sendo, Provérbios não representa as reflexões de algum rei pensativo e perceptivo, que escrevia sem qualquer compromisso. Os pensamentos que este livro bíblico contém não são meros devaneios humanos sobre o que funcionava nos negócios pessoais e empresariais de Salomão. De fato, eles são nada menos que o conselho de Deus para o seu povo, filtrado por um mensageiro escolhido pelo Senhor.

Apesar das diferenças culturais de três mil anos depois, o conselho divino continua a valer hoje com a mesma força. Isto acontece porque o problema central que o Livro de Provérbios procura corrigir – uma natureza humana que faz as coisas à sua própria maneira, em vez de fazê-las de acordo com a vontade de Deus – transcende gerações, culturas e circunstâncias. Pessoas permanecem propensas à cobiça, à inveja, à desonestidade e as línguas afiadas que marcaram aquela geração que viveu nos dias do rei Salomão. Ainda é da nossa natureza estabelecer nossas próprias regras para relacionarmos uns com os outros e com o mundo à nossa volta. Isto é o que faz Provérbios tão pertinente para as nossas vidas, milhares de anos depois de a tinta de Salomão haver secado. O Livro de Provérbios nos oferece reflexões para elevar a nossa autoconfiança e todas as suas manifestações e provê um mapa para seguirmos as trilhas raras de um comportamento íntegro.

Um provérbio que, de forma sucinta e incisiva, adverte-nos sobre a soberba e aponta para um comportamento justo é aquele que muitos aprenderam na escola dominical:

Confia no Senhor de todo o teu coração
e não te estribes no teu próprio entendimento.
Reconhece-o em todos os teus caminhos,
e ele endireitará as tuas veredas.

Provérbios 3:5,6

A tendência à auto-suficiência é uma das falhas fatais da humanidade. E tem sido assim desde o jardim do Éden. Por esta mesma razão, o Livro de Provérbios aplica-se a cada um de nós, hoje em dia: ele continua representando o conselho imutável de Deus aos seus filhos, os quais são chamados a confiar nele.

Interpretação e Aplicação dos Provérbios

Quando chega o momento de interpretar e aplicar corretamente os provérbios, devemos recordar as sábias metáforas de Salomão em Provérbios 26:7 e 9:

> *As pernas do coxo pendem bambas; assim é o provérbio na boca dos insensatos.*
>
> *Como galho de espinhos na mão do bêbado, assim é o provérbio na boca dos insensatos.*

Um perigo inerente sempre existe ao aplicarmos as Escrituras, especialmente as passagens breves, como os provérbios. Sem o cuidado apropriado, a nossa má interpretação de um provérbio pode fazer com que a sua sabedoria, como ensinado em Provérbios 26:7, seja tão impotente quanto "as pernas do coxo".

Por exemplo, uma pessoa que interpreta mal o *medo* em Provérbios 1:7 ("O temor do SENHOR é o princípio do saber") pode vir a pensar que a mensagem é "tenha medo de Deus", em vez de "seja reverente e respeitoso para com Deus" (como revelado pelo significado hebreu original), e esta pessoa provavelmente terá uma relação com o Senhor inibida pelo terror da ira e do julgamento. O desenvolvimento intelectual e espiritual desta pessoa será retardado, assim como a capacidade de pensar como Deus pensa e de ver como Deus vê, pois sua concepção de Deus é unidimensional. Infelizmente, o potencial contido neste versículo de mudança em nossas vidas se esvai quando sua mensagem é mal interpretada.

A interpretação precipitada de um provérbio pode gerar problemas muito mais sérios do que apenas deixar seu conteúdo de sabedoria latente para trás: pode até culminar em danos para si e para outros. Este segundo alerta vem de Provérbios 26:9, que retrata o inusitado (porém vívido) quadro de um bêbado que luta com um espinheiro. Considere, por exemplo, a hipótese de um pai que leia o provérbio "o que retém a vara aborrece a seu filho" (Pv 13:24a) por pura questão disciplinar, sem levar em conta a sua correta interpretação. O ato de disciplinar crianças baseado na Bíblia é uma doutrina relativamente complexa, que certamente não pode ser reduzida a uma leitura descompromissada, muito menos a leitura da metade de um provérbio! Quando alguém tenta fazer isto, entretanto, a possibilidade de uma compreensão errônea – e os problemas dela decorrentes – é enorme. Não só esta pessoa corre o risco de tratar suas crianças muito severamente, como também pode perpetuar este comportamento, apesar das conseqüências nefastas, por achar que está agindo de acordo com a autoridade das Escrituras.

O ensinamento central dessas advertências que foram destacadas está razoavelmente claro: a pessoa deve resistir, com todas as suas forças, à interpretação e à aplicação superficial dos provérbios. Qualquer leitura da Escritura que negligencie as diretrizes hermenêuticas (interpretatitvas) básicas para extrair a sabedoria da Palavra de Deus pode resultar em construções especulativas, inexatas e até mesmo perigosas de seu significado. Em reconhecimento às advertências de Provérbios 26, que diz que devemos administrar os provérbios responsavelmente, usarei as seguintes cinco proteções para salvaguardar o Livro de Provérbios contra aplicações superficiais ou inexatas na administração de pessoal:

1) Interprete Provérbios com base na língua original

Como a maior parte do Antigo Testamento, Provérbios foi inicialmente escrito em hebraico. E embora a tradução para o português certamente capte muitas das reflexões do livro, algumas nuances importantes do hebraico não sobreviveram ao processo de tradução. Palavras que geralmente têm um sentido em português podem ter uma conotação diferente ou adicional em hebraico, o que faz com que a versão em língua portuguesa tenha um sentido menos completo do que a mensagem original. O "louco" de Provérbios 1:7, por exemplo, não é somente uma pessoa mentalmente desequilibrada. Quando localizamos a palavra no hebraico, *'eviyl* (traduzida aqui como "louco") é uma pessoa *moralmente deficiente.* A palavra *'eviyl* vem de uma raiz que significa "ser perverso", e é usada para descrever aqueles que são dissolutos, briguentos e provocadores, quando achados culpados de algo.

Assim sendo, ao nos basearmos no idioma original, ganhamos informações adicionais e muito valiosas sobre a mensagem deste provérbio: quando damos as costas à sabedoria de Deus, somos mais do que meramente tolos. De fato, nossa moralidade torna-se suspeita. Assim, quando analisado através das lentes do idioma hebraico, Provérbios 1:7 revela uma significativa divergência nos caminhos à nossa frente, que seria ignorada, caso optássemos por uma leitura superficial da tradução. Podemos escolher respeito e reverência (medo) e conhecimento, ou podemos escolher deficiência moral. Não há nenhuma escolha intermediária.

2) Interprete um provérbio à luz de outras passagens das Escrituras sobre o mesmo assunto

Os princípios das Escrituras são multifacetados, e só se pode ter uma idéia geral do que significam quando várias passagens que falam sobre o mesmo tema são examinadas e assimiladas. De outro modo, se alguém analisa e aplica qualquer versículo de forma inconseqüente, fora de qualquer contexto, corre o risco de aplicá-lo muito mal.

"Pedra mágica é o suborno aos olhos de quem o dá, e para onde quer que se volte terá seu proveito", declara Provérbios 17:8. Sem uma investigação mais profunda do ensinamento bíblico sobre suborno, a pessoa poderia concluir, baseado nesse versículo, que o suborno não somente é consentido pela Palavra de Deus, mas está sendo colocado como um meio para o sucesso. Mas esta conclusão opõe-se ao ensinamento claro de muitas outras passagens das Escrituras, tanto de Provérbios quanto de outros livros da Bíblia (por exemplo, veja Êx 23:8; Dt 27:25; Pv 6:35; 15:27; 29:4). Considerando que tantas outras passagens falam de suborno como uma transgressão, Provérbios 17:8 deveria ser interpretado de forma mais consistente. Tudo indica que este versículo sintetiza uma idéia geral a respeito das pessoas que oferecem subornos: elas são vistas como um meio para adquirir o que se quer. Sem completar este estudo sobre o suborno, o leitor poderia facilmente racionalizar uma interpretação, baseando-se em Provérbios 17:8.

Da mesma maneira que um elemento não indica necessariamente uma tendência, um provérbio não constitui um princípio bíblico. Conseqüentemente, para evitar tais armadilhas de interpretação, os provérbios destacados em cada capítulo deste livro são reforçados através de outras Escrituras no momento que são citados.

3) Interprete cada provérbio no contexto do tema central do livro

Uma regra básica de interpretação literária é que "um texto sem contexto é pretexto". De fato, ao interpretar uma passagem da Bíblia, devemos situar esta passagem num contexto lógico, examinando (1) o que vem antes e depois da passagem e (2) como a passagem está relacionada à tese do autor. Fazendo assim, o estudante da Bíblia pode minimizar o espectro de construções espúrias ou imprecisas.

Para a maioria dos provérbios, não há conexão com os versículos adjacentes. Isto significa que o contexto imediato de um provérbio é, geralmente, limitado ao próprio provérbio. Como tal, o "antes" e o "depois", neste caso, não existe. Isto é bastante simples. Mas é importante ressaltar – e alguns consideram de suma importância à interpretação formal de Provérbios[9] – a necessidade da compreensão da relação do provérbio com a tese do autor . O tema central do Livro de Provérbios é que dois caminhos aparecem a toda hora na nossa frente. A cada momento, temos uma escolha a fazer, relacionada a qual estrada trilharemos. A mais difícil é rotulada como "da sabedoria" – ou, às vezes, "da retidão"; a mais fácil, como a "da insensatez" – ou, às vezes, a "da maldade". Os capítulos 1 a 9 de Provérbios são, em essência, um extenso discurso sobre estes dois caminhos e pintam em cores fortes a natureza e as conseqüências de cada um deles. O quadro 2 resume o caráter destes dois caminhos.

QUADRO 2

CARACTERÍSTICAS DOS DOIS CAMINHOS, COMO DESCRITO EM PROVÉRBIOS 1 A 9

O CAMINHO DE SABEDORIA E DA RETIDÃO	O CAMINHO DA LOUCURA E DA MALDADE
Vida disciplinada e prudente (1:3)	Exploração e prejuízo ao inocente (1:10-14; 6:17)
Entendimento do que é certo e justo (1:3; 2:9)	Facilidade de pecar (1:16; 6:18)
Discrição (1:4; 2:11)	Calamidade inevitável (1:26,27)
Segurança (1:33; 3:23; 4:6)	Sofrimento e dificuldade (1:27)
Tranqüilidade, sem medo de ser ferido (1:33)	Prazer em praticar o mal (2:14)
	Trapaça (2:15)
Conhecimento de Deus (2:5)	Sabedoria aos próprios olhos (3:7)
Fuga do adultério (2:16)	Sonegação do bem àqueles que o merecem (3:27,28)
Vida longa (3:1,2; 3:16)	
Prosperidade (3:2; 3:16; 8:18; 8:21)	Planejamento do mal (3:29; 6:14; 6:18)
Um nome digno (3:4)	Falso testemunho (3:30; 6:19)

Honra (3:35; 8:18)	Busca do mal alheio (4:16)
Fidelidade para com o cônjuge (5:15-20)	Ignorância da própria loucura (4:19)
Pensamento estratégico (6:6-8)	Boca perversa e lábios corruptos (4:24; 6:12)
Ódio ao mal, ao orgulho, à arrogância, ao comportamento malicioso e às palavras perversas (8:13)	Risco à própria prosperidade (5:10; 6:11)
Bem-aventurança (8:32; 8:34)	Preguiça (6:9-11)
	Incentivo a contendas (6:14; 6:19)
	Olhos altivos e língua mentirosa (6:17)
	Luxúria (6:25)
	Facilidade de cair em sedução (6:25,26; 7:21-23)
	Vilania (7:8,9)
	Insubordinação e insolência (7:11; 9:13)
	Falta de pudor (7:13)
	Morte (7:27)
	Indisciplina (9:13)
	Insensibilidade (9:16)

Mas, e daí? Qual a importância disso tudo para a interpretação dos pequenos provérbios que seguem, do capítulo 10 ao 31? De forma clara e simples, esta comparação entre os dois caminhos é um *filtro* de interpretação crítica que nos ajuda a entender o significado maior de um pequeno ensinamento. De fato, os provérbios de duas a quatro linhas, que compõem a maior parte do livro, oferecem profundas reflexões sobre como se relacionar com outras pessoas. No entanto, deveríamos interpretá-los como algo mais do que isto. Os capítulos 10 a 31 preenchem os detalhes dos dois caminhos que são subjetivamente descritos nos capítulos 1 a 9: o caminho da sabedoria (ou retidão) e o caminho da insensatez (ou da maldade).

Por exemplo, Provérbios 15:1 nos ensina algo sobre cada caminho: "A resposta branda desvia o furor, mas a palavra dura suscita a ira". Ao tentar interpretar sua mensagem, devemos nos assegurar de fazê-lo em duas etapas: primeiro, interpretando suas palavras; depois, aplicando-a de acordo com o tema. A gentileza deve, numa primeira etapa, ser vista como algo que escoa as tensões. Mas, num sentido mais amplo – o tema central do livro –, a gentileza presente numa resposta gentil é uma marca de alguém que procura o conhecimento e que é dedicado ao Senhor. É um atributo daqueles que trilham a estrada da sabedoria.

A aspereza, comparativamente, é colocada como algo que exacerba o conflito. Mais amplamente, entretanto, uma palavra severa é um sinal de que a pessoa escolheu o caminho alternativo, o caminho de loucura, da maldade e da deficiência moral. Quando reconhecemos e respeitamos este segundo nível de análise, a tendência de aplicar o ensinamento fica mais forte, talvez até o bastante para determinar o comportamento de uma pessoa num momento em que está emocionalmente abalada e inclinada a reagir com rispidez.

Não devemos esquecer do impacto do contexto. É comum considerar um ou outro provérbio, de forma isolada, como coisa trivial, a partir de seu conteúdo aparentemente limitado. No entanto, quando interpretamos este conteúdo no contexto da mensagem central do livro bíblico, quando o localizamos no caminho da sabedoria ou da loucura, no caminho de Deus ou no caminho humano, o provérbio assume uma nova praticidade e um poder que fazem com que sua sabedoria penetre nossas vidas.

4) INTERPRETE OS PROVÉRBIOS NUM CONTEXTO CULTURAL

Entender o significado de alguns provérbios requer cohecimento sobre a cultura e os costumes de determinada época (neste caso, o século X antes de Cristo) e do lugar (Palestina). Sem esta informação, podemos perder a intensidade da mensagem dos provérbios; em alguns casos, perderemos a mensagem completamente.

Por exemplo, Provérbios 26:17 diz: "Quem se mete em questão alheia é como aquele que toma pelas orelhas um cão que passa". Em face disto, o conselho do versículo parece ser claro: não se intrometa nas disputas de outras pessoas. Entretanto, a advertência perde sua força se acharmos que devemos puxar os nossos cães de estimação pelas orelhas. O cachorro não gostará disto, mas com a maioria dos animais de estimação, aquele que puxou as orelhas não estará correndo muito perigo.

Entretanto, se lermos este versículo num contexto cultural, a advertência é muito mais forte do que pensamos inicialmente. Os cachorros não eram animais de estimação naquele local (área e arredores da Palestina), mas animais bastante selvagens, como chacais.[10] Se alguém fosse agarrar tal animal pelas orelhas, a pessoa realmente estaria em encrenca séria. À luz deste contexto, a advertência perde o grau de urgência quando mentalizamos um "totó"qualquer em 900 a.C. Provérbios 26:17 mostra que uma pessoa pode de fato ser seriamente ferida entrando numa rixa.

Em algumas instâncias, ignorar o contexto cultural ultrapassa a perda de profundidade da mensagem, chegando à perda total de seu significado. Em Provérbios 25, Salomão escreve: "Se o que te aborrece tiver fome, dá-lhe pão para comer; se tiver sede, dá-lhe água para beber, porque assim amontoarás brasas vivas sobre a sua cabeça, e o SENHOR te retribuirá" (vv. 21,22). Um leitor moderno que ignorasse o contexto cultural, poderia concluir que, se somos amáveis com nossos inimigos, eles serão feridos ou até mesmo derrotados pela generosidade. Uma pessoa poderia facilmente interpretar mal este provérbio e entendê-lo como uma estratégia para algum tipo de retribuição passiva.

No entanto, isto seria um erro, pois "brasas vivas sobre a sua cabeça" provavelmente refere-se a um costume egípcio antigo de exibição de arrependimento, no qual a pessoa carregava um prato de barro com carvões quentes sobre a cabeça.[11] Desta forma, este provérbio diz que, se somos amáveis com nossos inimigos, eles podem arrepender-se dos seus maus caminhos. Sem o conhecimento da cultura para a qual este provérbio foi originalmente destinado, porém, o leitor não pode aplicar esta sabedoria corretamente.

5) INTERPRETE OS PROVÉRBIOS COMO PROBABILIDADES, NÃO COMO CERTEZAS

No seu trabalho *An Introduction to the Poetic Books of the Old Testament,* amplamente conhecido, C. Hassell Bullock escreveu que os provérbios não são "garantias legais de Deus", mas, em vez disso, "diretrizes para um bom comportamento".[12] Semelhantemente, no seu tratado sobre princípios de interpretação das Escrituras, o notável autor e professor Grant Osborne escreveu que "pela sua própria natureza [dos provérbios] há declarações gerais, que têm a pretensão de dar conselho em lugar de estabelecer códigos pelos quais Deus trabalha".[13]

Assim sendo, ao interpretar as muitas promessas do Livro de Provérbios, a pessoa deve permanecer atenta ao fato de que são ricas fatias de sabedoria, escritas para serem sempre lembradas. Os provérbios não devem ser interpretados como um manual de negócios rígido e contratual. Ao contrário, os provérbios oferecem conselhos que conduzem a uma maior probabilidade de sucesso nas relações humanas – dentro e fora do trabalho – para aqueles que adotam e seguem seus princípios.

O OBJETIVO

O objetivo de *Princípios da Gestão Eficaz* é ressaltar esses princípios de relações humanas presentes neste prático livro bíblico de Provérbios e mostrar como gerentes e empresas podem adequar esses provérbios para as suas necessidades específicas. Usarei as cinco diretrizes interpretativas citadas para esclarecer o significado dos muitos provérbios selecionados e, então, aplicarei o princípio para a realidade do local de trabalho. Ao considerar sua aplicação, freqüentemente analisaremos o sucesso do ensinamento numa empresa específica. Como a maioria das inovações empresariais, muitas empresas vêm intuitivamente implementando os conceitos de administração proverbial há anos, embora sem rotulá-las formalmente como tal. De fato, os conselhos disponíveis em Provérbios já vêm sendo testados há longas datas, e mostraremos experiências pessoais para que se tenha uma idéia mais clara sobre a implementação e os possíveis resultados.

Além disso, muitos capítulos irão além do estudo de casos e práticas bem-sucedidas, de modo a ajustar os resultados da pesquisa empírica a práticas de administração de funcionários. Ao identificarmos e ilustrarmos cada princípio, acredito que ficará claro que *administrar através de Provérbios* não *é* tanto um paradigma moderno, mas, *uma abordagem transcendente que pode simultaneamente honrar a Deus e fortalecer o sistema de administração de pessoal.*

O Principal Beneficiário

Quando Deus ofereceu a Salomão tudo que ele desejava (veja 1 Rs 3:5), o novo rei de Israel respondeu, com humildade:

> *Agora, pois, ó SENHOR, meu Deus, tu fizeste reinar teu servo em lugar de Davi, meu pai; não passo de uma criança, não sei como conduzir-me. Teu servo está no meio do teu povo que elegeste, povo grande, tão numeroso, que se não pode contar. Dá, pois, ao teu servo coração compreensivo para julgar a teu povo, para que prudentemente discirna entre o bem e o mal; pois quem poderia julgar a este grande povo?*
>
> *1 REIS 3:7-9*

O pedido agradou a Deus, que concedeu a Salomão "um coração sábio e inteligente" (e riquezas e honra também; veja 1 Rs 3:10-13). Deus abençoou muito Salomão com a perspicácia e o discernimento que costumam ser tão ilusórios em nossas próprias vidas. Por extensão, entretanto, qualquer um que estuda o registro escrito desta sociedade antiga, em grande parte preservada no Livro de Provérbios, pode compartilhar desta bênção. Através de uma interpretação cuidadosa dos ensinamentos do livro, qualquer pessoa pode ter acesso a um consagrado sistema de princípios de relações humanas, que não está disponível por qualquer quantidade de instrução ou experiência de vida. Quando realmente aplicado no local de trabalho, este sistema não só tem o poder de gerar uma vantagem competitiva difícil de igualar, mas também de fazê-lo enquanto melhora consideravelmente a qualidade de vida de todos que participam dele. Conseqüentemente, no contexto da teoria de administração, gerenciar através de Provérbios pode ser interpretado como uma base ética, cujos benefícios podem aparecer tanto para subordinados quanto para a empresa, como um todo.

Contudo, o maior beneficiário desta abordagem é o gerente que examina, contempla e implementa com seriedade os ensinamentos de Provérbios. Na realidade, muitas coisas podem mudar nesta pessoa porque, além de ser um modelo ético, o Livro de Provérbios é uma ferramenta para crescimento intelectual e santificação pessoal com Deus.

O Livro de Provérbios proporciona a aquisição de um conhecimento subestimado no curso de administração e negligenciado em treinamentos para administradores. Mas Provérbios proporciona muito mais – mais do que o título de "chefe do ano" eterno ou a habilidade de pensar além das sufocantes pressões da cultura empresarial. O convite de Deus para jantar à mesa da sabedoria oferece para todo gerente a oportunidade de procurar e, em última instância, alcançar um elevado nível de sagacidade empresarial e desenvolvimento espiritual.

Parte 1

A construção de uma base pessoal para o sucesso

Primeiro Princípio

Dedique seu trabalho ao verdadeiro chefe

Em 1946, Truett Cathy, um empresário jovem e ambicioso, pegou um pequeno empréstimo para abrir um restaurante em Hapeville, no Estado de Geórgia. O restaurante Dwarf Grill consistia de meros dez lugares no balcão e quatro mesas, mas o incansável Cathy cultivou seu negócio continuamente, servindo comida de qualidade e um atendimento amigável vinte e quatro horas por dia, seis dias por semana.

Neste modesto cenário, Cathy experimentou maneiras mais rápidas para preparar o frango e modos criativos de temperá-lo. Por volta de 1963, sua persistência valeu a pena, pois ele desenvolveu a combinação de gostos premiada que viria a ser conhecida como o sanduíche Chick-fil-A.* O negócio decolou e, em poucos anos, Cathy era o pioneiro em *fast food* nas praças de alimentação dos *shoppings*, vendendo o seu sanduíche original a fregueses entusiasmados e famintos.

Mas Truett Cathy, além dos seus dotes culinários e de *marketing*, utilizou-se de um pouco de argúcia. Como cristão devotado que era, recusou-se a trabalhar aos domingos desde que abrira o Dwarf Grill. No princípio, isto não causou quase nenhum problema para a sua nova firma. Embora a política contratual dos centros comerciais tenha criado dificuldades ocasionais, o seu sanduíche tinha tanta demanda

* Trocadilho com *chicken filet* (filé de frango – N. do copidesque).

que os *shoppings* simplesmente não podiam dizer não. Quinze anos depois, as vendas anuais do sanduíche Chick-fil-A chegaram a 100 milhões de dólares.

Então surgiu a ameaça econômica que testaria a fé de Cathy. Durante a recessão de 1982, a queda forte no número de pessoas que saíam para jantar fora fez com que as vendas do Chick-fil-A caíssem pela primeira vez. Para agravar o problema, as cadeias nacionais de lanchonetes especializadas na venda de hambúrgueres tornaram-se, de repente, competidoras diretas de Cathy, pois ofereciam sanduíches de galinha como opção nos seus cardápios. Como se isto não fosse bastante, o preço do frango estava aumentando assustadoramente, e a empresa acumulou dívidas pesadas (com taxas de juros por volta de 21%), devido à construção de um prédio comercial de cinco andares, sede da empresa.[1] A crise financeira parecia iminente.

Foi nesta encruzilhada que ele encontrou um *fantasma* com o qual não havia negociado durante décadas: abrir aos domingos. Somando um dia a mais – especialmente um dia em que a quantidade de pessoas no *shopping* era enorme –, poderia acrescentar, no mínimo, 16% à sua receita atual. Uma mudança de política poderia significar, então, a diferença entre enfrentar o tribunal de um *shopping* e o tribunal do Governo, por conta de uma ação de falência.

Uma solução lucrativa ou a vontade de Deus. Às vezes, essas soluções cruzam os nossos caminhos, mas nem sempre. E é neste caso, num momento de tensão, que a fé do gestor cristão passa, em última instância, pela provação divina. O dilema de Cathy oscilava entre manter o lucro e honrar a Deus, fazendo o que ele acreditava ser a vontade do Senhor. Freqüentemente, os ocupantes de altos cargos de administração ou de supervisão precisam escolher se o que aprenderam em Administração de Empresas deve vir em primeiro ou ficar em segundo plano, quando as diretrizes são contrárias às de Deus.

Na verdade, a pessoa deve pesar as políticas da cultura corporativa e compará-las às mensagens das Escrituras. E é neste momento que a alta administração deve decidir se a empresa será guiada pela bússola de Deus ou por uma medida criada pelos próprios administradores.

Um Provérbio que Identifica um autêntico Diretor de Empresa

Em qualquer situação de incerteza, normalmente escolhemos recorrer à nossa própria sabedoria. Isto se torna ainda mais provável com o passar dos anos. Porém, é justamente para tais momentos – nos quais estamos mais propensos a nos apoiar em nossos instintos, inclinados a invocar a racionalização da "realidade dos negócios", comprometendo a nossa fé – que Provérbios 16:3 foi escrito:

Confia ao Senhor as tuas obras, e os teus desígnios serão estabelecidos.

Este versículo contém um princípio bíblico básico: todo trabalho que fazemos em vida, cada esforço empreendido, é, em última instância, para ser feito para a glória de Deus. No Novo Testamento, o princípio é apresentado mais claramente através das bem conhecidas palavras de Paulo para os colossenses: "Tudo quanto fizerdes, fazei-o de todo o coração, como para o Senhor e não para homens, cientes de que recebereis do Senhor a recompensa da herança. A Cristo, o Senhor, é que estais servindo" (3:23,24). Provérbios 16:3 transmite a mesma mensagem, embora com um enfoque num incentivo mais temporal do que eterno. "Teus desígnios serão estabelecidos." Isto soa bem simples, certo? Mas não é.

Quais seriam os "desígnios"? E de que modo eles seriam "estabelecidos"? Nenhuma tradução captura completamente todas as dimensões da mensagem do provérbio. Na *Nova Tradução na Linguagem de Hoje*, por exemplo, encontramos "seus planos... darão certo"; na versão *Revista e Corrigida* se lê "teus pensamentos serão estabelecidos". Deste modo, o que é exatamente a mensagem de Provérbios 16:3?

O ensinamento deste versículo pode ser entendido como um amálgama destas traduções. Quando submetemos nosso trabalho ao Senhor – quando nós o reconhecemos como o real Chefe a quem nós, em última instância, nos reportamos –, nossa visão sobre o que estamos fazendo e por que estamos fazendo muda radicalmente, assim como o nosso potencial para o sucesso. Nossos "pensamentos" sobre o propósito do nosso trabalho e nossos "planos" para pôr em prática aquele propósito já não são moldados por nossos colegas ou pela cultura corporativa. Ao contrário, nossos pensamentos e planos são "estabelecidos" (em hebraico, significa "fixados", "fundamentados" ou "firmemente arraigados") por Deus. Eles se tornam divinamente ancorados, em vez de dependentes de circunstâncias. A vontade de Deus passa a ser nossa preocupação principal, deslocando prioridades anteriores de conveniência e controle, promoção, poder e satisfação no trabalho. Até mesmo aumentos salariais e segurança do trabalho tornam-se prioridades menores; a primeira e mais importante escolha permanece sendo a vontade de Deus.

Uma vez que esta nova visão é estabelecida, o solo é feito fértil para que tenhamos "sucesso", não necessariamente aos olhos do mundo, mas certamente aos olhos de Deus. Podemos ter sucesso em nossa reputação, nossa estima, nossa integridade e nossas relações. Às vezes, este sucesso vem às custas de resultados mais tangíveis, tais como pagamento e promoção. Mais importante, entretanto, é o gerente cristão ter sucesso no local de trabalho como um testemunho vivo da verdade do Evangelho.

Uma Perspectiva Transformada

Sendo assim, considerado como um todo, Provérbios 16:3 nos fala que, quando dedicamos nosso trabalho ao nosso real Chefe, com o passar do tempo Deus transformará nosso pensamento. Ele mudará o modo de vermos a administração e nos conscientizará do compromisso que temos com sua vontade no ambiente de trabalho. Nossa estrutura para tomar decisões empresariais será sempre alterada; uma nova perspectiva suplantará os paradigmas empresariais míopes e completamente profanos sob os quais somos doutrinados a trabalhar. O lucro se tornará uma parte importante da história, mas não a própria história (como mostrado no "Segundo Princípio"). Os funcionários tornam-se agora filhos de Deus dotados de dignidade, em vez de meros fatores de produção (afetando o tratamento que damos a eles, como mostrado nos princípios 5 a 19). No fim das contas, o gestor cristão torna-se um agente de Cristo antes de ser um agente da empresa.

Em suma, há um distanciamento radical entre os parâmetros do mundo e aqueles que devem ser aplicados no serviço de Deus. O nosso Criador não somente orientará nossas atividades administrativas e tudo mais que fazemos em nossa empresa, mas também nos santificará e dará poder para mantermos o rumo certo. Esta é a mensagem central de Provérbios 16:3.

A Decisão sobre o Chick-Fil-A

Truett Cathy não teve de ser lembrado disto. As verdades de Provérbios e Colossenses estavam escritas no seu coração. Por conseguinte, comprometeu-se a fazer as coisas à maneira de Deus, independentemente do custo. De certo modo, este compromisso limitou bastante o seu sucesso financeiro. Primeiramente, ele viu que existe uma significativa distância entre soluções lucrativas e a vontade de Deus. Há uma área de concordância, uma interseção dos dois reinos. Ao operar naquela interseção, Cathy foi perspicaz, e sua ética no trabalho moldou a cultura corporativa. Naquela interseção, Cathy não *cortou caminho* para servir a comida de melhor qualidade que podia. Como ele comentou, "há sempre mercado para o melhor".[2] Ele se importava com os seus funcionários, tentou ajudá-los em muitas de suas necessidades e colheu a mais baixa receita da indústria de alimentos. Todos esses procedimentos, ele os viu como uma forma de honrar a Deus, através da honra dada a seus funcionários e clientes.

Na realidade, Cathy tinha descoberto outra receita vitoriosa – uma receita para reconstruir seu negócio, colocar suas ações em alta no mercado e renovar o compromisso dos funcionários com a empresa. Porém, como homem de princípios, Cathy sabia que a sua opção por honrar a Deus também deveria aplicar-se às vezes nas quais a lucratividade e a vontade de Deus pareciam mutuamente excludentes. Assim, no meio da crise do sanduíche Chick-fil-A, em 1982, ele se isolou com seus principais gerentes para elaborar estratégias. Foi neste retiro que Truett Cathy renovou a dedicação de seu negócio para Deus e, junto com seu grupo de administradores, uma nova missão corporativa foi traçada: "Glorificar a Deus sendo gerenciadores fiéis de tudo aquilo que nos é confiado e influenciar positivamente todos os que entram na Chick-fil-A."

Com esta visão muito bem assimilada, Cathy permaneceu resoluto, proibindo o trabalho aos domingos. Sem se importar com quanta renda poderia ser gerada ou quanto capital foi necessário, os restaurantes de Cathy permaneceriam fechados no domingo do Senhor. E ponto final. A vontade de Deus era suprema. Cathy determinou que dar aquele dia de descanso para obedecer ao quarto mandamento (Êx 20:8-11) e liberar seus funcionários para comparecer aos cultos das igrejas seria uma forma de honrar a Deus. Se Deus quisesse que o sistema de trabalho de seis dias por semana levasse a empresa a fechar as portas, então é isto o que poderia e deveria acontecer, concluiu Cathy.

Curiosamente, esta história tem um fim feliz. A companhia de Cathy navegou pela crise durante um ano, até a economia se recuperar e as taxas de juros e os preços do frango diminuírem. Com a adição de opções inovadoras no cardápio, as vendas cresceram ao longo dos anos 80 e 90, e atualmente o Chick-fil-A é vendido com sucesso em mais de 750 lojas em vários países, com uma renda anual superior a meio bilhão de dólares. A sua posição no mercado é tão estável que Cathy afirma, com satisfação, estar ajudando a concorrência. Ele diz: "Alguns de nossos concorrentes nos *shoppings* me falam que eles não teriam sobrevivido se nós não fechássemos aos domingos."

Finais felizes são encorajadores. Mas também é importante que o cristão envolvido no mundo dos negócios reconheça que eles têm pouca garantia. Como muitos aprenderam através de experiências dolorosas, em contraste com a história de Truett Cathy e ao contrário do que uma leitura casual de Provérbios 16:3 possa sugerir, dizer "sim" para Deus no que concerne a trabalho nem sempre significa sucesso financeiro ou profissional. Um sem-número de cristãos que estão no mercado e que buscaram obedecer com todas as suas forças à vontade de Deus – mesmo à custa do respeito dos colegas, de crescimento na carreira e até mesmo de seu trabalho ou de seus negócios – podem atestar a dura realidade de que os finais tristes também existem.

Isto, obviamente, é a natureza da vida cristã. Aplicar nossa fé nos convida tanto ao triunfo quanto à tentativa. Para esses que genuinamente dedicam seus trabalhos a Deus, entretanto, o desafio é reconhecer que o Senhor está trabalhando, independentemente do resultado.

Uma Tensão Contínua

Cristãos sofrem uma tensão contínua no trabalho. Dia após dia, hora após hora, decisão após decisão, temos de escolher entre fazer as coisas ao modo do mundo ou à maneira de Deus. O que faz a tensão particularmente custosa, todavia, é que o cabo-de-guerra do qual participamos não é disputado num campo plano: as pressões da cultura social e corporativa nos compelem a puxá-lo para cima, se queremos ganhar esta batalha. Como observa Stephen Carter, professor de Direito da Universidade de Yale, de forma perspicaz: "A mensagem solidificada na sociedade capitalista moderna é a seguinte: sempre que as exigências da religião de uma pessoa conflitam com o que ela deve fazer para seguir em frente, é esperado que a pessoa ignore as exigências religiosas e aja... de forma bem racional".[3]

Isto soa como verdade para aqueles que estão nas trincheiras empresariais. Ninguém quer ser rotulado como um "irracional", especialmente na prática da administração. Muitos acreditam que o lucro, ou o "objetivo final" *é* realmente o objetivo final – a principal meta, antes de qualquer outra. Qualquer prioridade além desta não seria racional. Assim sendo, nós, os cristãos, às vezes arquivamos *racionalmente* nossa fé no trabalho, argumentando que podemos carregar nossas cruzes em outro lugar.

As Escrituras, no entanto, nos ensinam a rejeitar valentemente essas pressões culturais, dar menos atenção ao que as pessoas pensarão de nós e, em vez disso, colocar nosso foco na direção do Céu. Referindo-se a esta questão, e de forma extraordinária, o apóstolo Paulo escreve para a igreja dos gálatas: "Porventura, procuro eu, agora, o favor dos homens ou o de Deus? Ou procuro agradar a homens? Se agradasse ainda a homens, não seria servo de Cristo" (Gl 1:10).

Como servo fiel, a tarefa número 1 para o gestor cristão é "confiar ao Senhor tudo o que faz". Todo o restante flui daí. Nosso Deus é o Chefe verdadeiro, o consultor infalível para toda decisão e o farol imovível desta luta diária. E ele nos promete sucesso (diante de seus olhos) quando mantemos inalterado nosso compromisso com ele.

Segundo Princípio

Considere o Lucro um meio, não uma Finalidade

Tudo indicava que as coisas estavam normais no segundo turno no galpão da tecelagem Malden Mills, uma das maiores empregadoras da cidade de Lawrence, em Massachusetts. Entretanto, sem que se esperasse, uma explosão transformou um dia de trabalho comum numa corrida desesperada pela sobrevivência. "Fui atingido e comecei a rolar", recorda-se Walter Motley, um dos 33 feridos na explosão. "O fogo parecia estar por toda parte. Eu só tentava achar a saída."

Bombeiros de 41 cidades uniram-se no esforço de conter as chamas e resgatar as vítimas. Tropas de emergência usaram helicópteros para transportar alguns feridos com maior gravidade para o Centro Médico da Universidade de Massachusetts. Lá, um grupo de mais de 40 médicos e técnicos tentaram de tudo para salvar as vidas de trabalhadores, alguns dos quais tinham partes de máscaras industriais derretidas em seus rostos.

Quando a fumaça tinha desaparecido, centenas de pessoas em Lawrence, uma das cidades mais pobres do estado, estavam desempregadas e tinham pouca esperança de arranjar uma ocupação no futuro. O sindicato dos funcionários da Malden só podia prometer ajudá-los a pedir o seguro-desemprego. Talvez o sindicato pudesse tentar achar empregos em outras fábricas, talvez não. Uma coisa era certa, como disse o gerente de uma loja, numa reunião do sindicato, dois dias depois da tragédia: "Não haverá mais emprego nenhum aqui. Eles dizem que sim, mas não haverá."

Para piorar, a tragédia aconteceu num péssimo momento. A explosão ocorreu em 11 de dezembro, o que deixou os trabalhadores muito tristes, porque sabiam que seus filhos despertariam na manhã de Natal e encontrariam apenas um pequeno presente ou nada debaixo da árvore. No dia 15 de dezembro, o dono da fábrica, Aaron Feuerstein, chamou os trabalhadores para uma reunião num auditório escolar. A maioria esperava ouvir notícias atualizadas sobre a fábrica e as vítimas. Talvez também algo do tipo: "Saiam por aí e tentem achar um emprego onde puderem."

Em vez disto, o que eles ouviram virou manchete por todo o país. Feuerstein não só anunciou sua intenção de reconstruir e recontratar, como também prometeu pagar os salários de todos os 2.400 funcionários, sem qualquer desconto, nos próximos 30 dias. Além disso, ele continuaria pagando os seus planos de saúde por 90 dias. Naquele momento, a depressão e a desesperança transformaram-se radicalmente numa intensa felicidade, pois os funcionários, muito agradecidos, aplaudiam seu chefe, abraçavam-se e gritavam: "Deus o abençoe, Aaron!" Aquele cavalheiro de 70 anos e cabelos grisalhos, membro fiel da sinagoga de Brookline, em Massachusetts, havia se tornado um herói do Natal.[1]

O que faz desta história algo tão extraordinário no mundo dos negócios? Com certeza, a generosidade incondicional de Feuerstein para com seus funcionários (da magnitude de milhões de dólares) é digna de destaque. Mas também há algo mais, invisível, que fará Malden Mills um caso inusitado por ainda muitas décadas. Subjacente à ação benevolente de Feuerstein está uma atitude sobre os recursos financeiros da sua empresa, uma atitude que vai de encontro à filosofia tradicional de corporações.

Geralmente, no curso de Administração de Empresas e na cultura corporativa, a pessoa é levada a pensar em termos de lucro máximo. Afinal de contas, os negócios são entidades econômicas, mas podem deixar de ser se os princípios da economia forem negligenciados. No entanto, por contraste, a decisão de Aaron Feuerstein refletiu uma atitude alternativa – um tipo de pensamento que considera o lucro como um objetivo *importante,* mas não um objetivo *prioritátio.* Isto é, num paradoxo ao modelo de maximização do lucro que permeia a pedagogia empresarial, Feuerstein conceitualizou o lucro não como um fim em si, mas como um meio para um fim maior: a preservação de famílias e o bem-estar dos seus funcionários.

Esta perspectiva, obviamente, representa uma abordagem um pouco radical para administração, e, como tal, tem outras implicações que serão discutidas ao longo deste livro. Antes de explorar estas implicações, entretanto, é importante compreender que esta abordagem deriva de algo mais que razão humana, retórica ou experiência. É, de fato, uma filosofia empresarial de origem divina.

Uma Perspectiva Proverbial sobre o Lucro

Entre os muitos provérbios que nos ensinam a pensar de forma correta sobre o dinheiro, a riqueza e o lucro, o versículo seguinte é, talvez, o mais representativo do ensinamento central de Deus:

> *As riquezas de nada aproveitam no dia da ira, mas a justiça livra da morte.*
>
> *Provérbios 11:4*

Examinando este provérbio através de uma perspectiva de administração, pelo menos duas lições importantes nos são oferecidas. A primeira, que emana da primeira metade do provérbio, é que *Deus tem uma visão específica sobre o dinheiro, e ele nos chama para que abracemos esta mesma visão.* Somos lembrados, em Provérbios 11:4, que no fim, quando prestarmos contas de nossas vidas, *Deus* certamente não ficará impressionado pela quantidade de dinheiro que acumulamos. Estas riquezas de nada aproveitam no dia do julgamento final. Ao contrário, a maior preocupação de Deus será a respeito de como nós usamos o dinheiro, porque, em última instância, este recurso pertence a ele.

Os cristãos não entendem esta visão financeira divina contida em Provérbios 11:4, isoladamente, tão bem quanto lendo o mesmo provérbio como parte do ensino bíblico mais amplo sobre o fato de Deus ser o dono de todas as coisas. A Escritura declara: "Ao SENHOR pertence a terra e tudo o que nela se contém, o mundo e os que nele habitam" (Sl 24:1). Tudo pertence a Deus. Da mesma maneira, o rei Davi diz, em 1 Crônicas 29:11, que "tudo quanto há nos céus e na terra" pertence ao Senhor, e no Salmo 50, afirma o próprio Deus: "O mundo é meu e quanto nele se contém" (v. 12b).

No Novo Testamento, Cristo também transmite claramente este ensinamento na parábola dos talentos (Mateus 25; Lucas 19), ensinando que, aos olhos de Deus, não possuímos nada, mas somos apenas os seus despenseiros (mordomos). A conclusão inevitável a respeito dos recursos financeiros, então, é que, como todo o restante das coisas, o dinheiro pertence a Deus, e ele nos confia a tarefa de administrá-lo de modo a honrar seu nome.

Isto nos remete à questão dos lucros de uma empresa. Aqueles que geram e administram os lucros possuem uma responsabilidade maior do que os acionistas. Primeiramente, e acima de tudo, o lucro pertence ao Senhor, e, como tal, deve ser considerado como um meio para a glória maior de Deus. Isto significa separar e entregar o dízimo, mas, em algumas circunstâncias, também pode implicar o reinvestimento no negócio, retribuir à comunidade, compartilhar os lucros com os funcionários e inúmeras outras formas de distribuir.

Considerando que Deus é soberano e nos conduz a caminhos diferentes de serviço, não há nenhum modelo possível. Mas o principal é que *devemos abraçar a sua visão sobre o dinheiro e deixar o Senhor nos conduzir.* Tomando como verdadeiro o fato de que todos os recursos financeiros são recursos de Deus, o gestor cristão é convocado a trocar seu papel de acumulador de lucro e potencializar seu papel como administrador.

A segunda lição nos instrui sobre as conseqüências de ignorar a primeira. No versículo citado, estas conseqüências estão implícitas no contraste entre *riqueza* e *retidão.* Normalmente, um provérbio nos mostrará dois caminhos distintos à nossa frente: um caminho através do qual se honra Deus e o outro que o desagrada. Assim, seria natural concluir (como alguns fazem) que, já que "riqueza" se contrasta com "retidão" em Provérbios 11:4, o versículo está ensinando que riqueza e dinheiro são parte do caminho injusto, mau.

Porém, esta é uma interpretação incorreta. A Escritura não ensina que ter riqueza seja um pecado em si. Na verdade, celebra o lucro como o resultado provável de esforços (por exemplo, Pv 10:4; 14:23). O ensinamento claro de Provérbios, dos Evangelhos e de muitas outras passagens bíblicas é o seguinte: é *perigoso* (e não pecaminoso) ter riqueza e persegui-la obstinadamente. A segunda lição para o gerente cristão, desta forma, é que *ele deve ser cauteloso ao pensar em lucros, porque o dinheiro e sua busca desesperada podem nos transformar facilmente.*

Jesus comparou a dificuldade espiritual de um homem rico entrar no Céu à de um camelo que caminha pelo buraco de uma agulha (veja Mt 19:24). Mas Provérbios 30 descreve outro perigo espiritual fundamental para os que correm desesperadamente atrás de dinheiro:

> *Afasta de mim a falsidade e a mentira; não me dês nem a pobreza nem a riqueza; dá-me o pão que me for necessário; para não suceder que, estando eu farto, te negue e diga: Quem é o SENHOR?*
>
> *PROVÉRBIOS 30:8,9A*

Adotar um tipo de pensamento que considera o dinheiro como uma finalidade, seja conscientemente ou não, põe a pessoa numa rampa escorregadia que a leva a negligenciar sua fé em Deus, diz o proverbio. E ao deslizar lentamente do ponto mais alto – no qual Deus está colocado em primeiro lugar –, a atitude da pessoa muda, passando de administradora para dona do dinheiro. Este *escorregão* culmina na destituição de Deus, em morte espiritual que nos traz de volta diretamente a Provérbios 11:4: "A justiça livra da morte." Fazer as coisas à maneira de Deus – vendo a riqueza como Deus a vê – é o caminho íntegro, que nos mantém afastados da corrupção espiritual.

Esta segunda lição de Provérbios 11:4 nada mais é que uma advertência de Cristo na forma do Antigo Testamento: escolha seu mestre: Deus ou o dinheiro. Uma pessoa deve ser subordinada a outra. Mas quando você escolhe, lembre-se de que, ao colocar o dinheiro em primeiro lugar, você estará dificultando a sua jornada espiritual pelo resto da sua vida.

O Sucesso da ServiceMaster

Teoria bíblica à parte, temos de reconhecer que a exegese acima lança uma questão essencial: uma pessoa que pensa desta forma – Deus deve estar em primeiro lugar, antes do lucro – pode realmente se manter no mundo dos negócios em pleno século XXI? Em qualquer época, a resposta é a mesma: se esta é a vontade de Deus, pode. Atualmente, uma história é freqüentemente citada como evidência desta realidade: a da Empresa ServiceMaster.[2]

Sediada em Downers Grove, no Estado de Illinois, está se tornando o padrão através do qual os diretores de empresas cristãos medem suas próprias políticas organizacionais e procedimentos. Isto começou em 1929, quando um jogador de beisebol de uma liga secundária chamado Marion Wade abriu uma pequena empresa de dedetização de traças. Como era um cristão fiel, Wade subordinou seu empreendimento à glória maior de Deus. Em 1947, ele transformou seu negócio numa grande corporação, a qual chamou ServiceMaster (de "a serviço do Mestre").

O negócio expandiu-se gradualmente para limpeza de carpetes, de prédios e dúzias de outros serviços. Hoje, a ServiceMaster é líder no mercado, pois é a empresa que detém a maior fatia do mercado de administração de serviços. Ela opera com marcas conhecidas nos Estados Unidos, como Terminix, Tru-Green, ChemLawn e Merry Maids, e sua receita anual excedeu 4 bilhões de dólares em 1997. Porém, o que está encantando o mercado a respeito da liderança desta empresa é que, em todo o seu processo de crescimento e diversificação, ela nunca vacilou em relação à visão original e ao propósito de seu fundador.

A missão de ServiceMaster é composta de quatro partes. Na respectiva ordem, são elas: "Honrar a Deus em tudo quanto fazemos; ajudar as pessoas a se desenvolver; buscar a excelência; cultivar a lucratividade." Mais importante ainda que esta declaração de missão "na linguagem de Deus" (como alguns acionistas a chamam) é a interpretação desta declaração pela alta administração da empresa. Segundo C. William Pollard, diretor-presidente da ServiceMaster, "Os dois primeiros são objetivos-fins. Os dois seguintes são objetivos-meios. Ao tentar implementar estes objetivos na operação do nosso negócio, eles nos dão um ponto de referência para tentar fazer aquilo que é certo e evitar o que é errado."[3] Isto é, Pollard afirma que a razão pela qual a ServiceMaster existe é para honrar a Deus e ajudar as pessoas a se desenvolverem, e que o lucro é conceituado apenas como um meio para estas duas finalidades.

Bem, falar é fácil. Qualquer um pode ter uma visão elevada e fazer propostas estusiásticas que a apóiem. Na ServiceMaster, todavia, a visão envolve genuinamente a política empresarial e estratégica. Esta visão afeta todo o processo, desde o atendimento ao cliente (como um grupo de pessoas, não como uma organização impessoal) até a forma como a organização é estruturada (capacitação e delegação de poder àqueles que trabalham mais próximos aos clientes).[4]

O pensamento da ServiceMaster – "lucros como um meio" – também tem implicações consideráveis na administração de pessoal. A companhia acompanha e garante a dignidade humana, faz do treinamento e do desenvolvimento das carreiras uma prioridade e assegura aos funcionários parte dos lucros e do patrimônio da empresa. Os gerentes são sensíveis em relação às dificuldades das tarefas de seus subordinados, pois as executam periodicamente. De forma mais genérica, os gerentes trabalham debaixo de uma ética de "liderança que serve". Diz Pollard a respeito: "Os líderes de nossa empresa nunca devem pedir para que alguém faça algo que eles próprios não fariam para si."[5]

É claro que muitas outras empresas com orientação totalmente laica também fazem estas coisas. Porém, a ServiceMaster faz tudo isso porque vê o lucro como um meio que conduz a uma finalidade. Ainda assim, desfruta do sucesso financeiro de uma líder de mercado. Em suma, a ServiceMaster demonstra que é possível fazer as duas coisas: ver o lucro de uma maneira que honra a Deus e, simultaneamente, ser uma empresa lucrativa.

A Combinação do Desempenho Empresarial com as Orientações Bíblicas

Para muitos que trabalham no comércio, a noção de pôr algo – qualquer coisa – antes do lucro é sinal de insensatez e irresponsabilidade. Segundo eles, tais paradigmas anticompetitivos contrariam os princípios básicos do capitalismo, ameaçam a empresa e empurram a responsabilidade para os acionistas. Os negócios existem, reza esta cartilha, para potencializar a riqueza dos acionistas.

Para os cristãos, entretanto, a pergunta sobre o motivo de uma pessoa estar em um negócio é substituída por outra: "Por que estou neste mundo?" Para esta questão existencial, a resposta é encontrada em passagens como Eclesiastes 12:13: "Teme a Deus e guarda os seus mandamentos; porque isto é o dever de todo homem." Empresas como a ServiceMaster parafrasearam este versículo desta forma: "Honrar a Deus em tudo que fazemos." As implicações são tão grandes que intimidam.

A partir de uma perspectiva prática, isto implica que, para o gestor cristão de qualquer nível, *toda decisão administrativa deveria ser tomada considerando-se o desempenho empresarial e as orientações bíblicas*. O ideal é alcançar ambos os objetivos. Contudo, isto nem sempre é possível. Inevitavelmente, situações surgirão onde estes dois paradigmas-guias entrarão em conflito direto. Você usará aquelas modelos sensuais e apelo ao sexo como ferramentas de *marketing*? Você fará uma dívida gigantesca para ampliar o negócio? Você pesará as responsabilidades de família de um funcionário ao determinar horas extras, promoção e demissão? A lista de situações nas quais o lucro e a vontade de Deus são mutuamente excludentes é ilimitada.

É neste ponto que a cultura corporativa e nossos instintos empresariais nos incitam a nos afastarmos da nossa fé. E é justamente neste momento, de maior pressão para que desprezemos a Cristo, que o gestor cristão vê claramente que o caminho da cruz nem sempre é o caminho do lucro máximo, e se vê compelido a fazer escolhas que, simultaneamente, honram a Deus, mas são impopulares ou mesmo antinaturais. Esta, seguramente, não é uma tarefa simples, pois geralmente exige disposição de remar contra a maré e, em muitos casos, de desenhar uma mudança completa na própria filosofia empresarial da pessoa. Mas o lado bom disso é que, uma vez que a decisão certa é tomada, as outras seguem naturalmente.

Honrar a Deus fielmente num negócio começa com um *transplante*: temos de substituir nossa perspectiva popular sobre o lucro pela perspectiva de Deus. Deus revela-nos, através de sua Palavra, que o lucro não é para ser condenado nem idolatrado, mas para ser tratado como propriedade de Deus. Desta forma, o gestor cristão deve se considerar administrador deste recurso e ver o lucro como um meio poderoso para a glória maior de Deus.

Terceiro Princípio

Seja Humilde

Bill Foote estava diante de uma platéia de 150 gerentes para fazer seu primeiro discurso desde que se tornara o diretor geral da USG Corportation, fabricante de materiais de construção em Chicago. Mas quando ele começou, ficou logo evidente que o discurso seria qualquer coisa, menos o velho lugar-comum "este é o meu ponto de vista".

O diretor geral abriu sua fala contando uma história pessoal intensamente traumática. Um ano e meio antes, ele tinha tomado conhecimento de que a esposa, Andréa, tinha sido diagnosticada como portadora de câncer de mama. Pais de três meninas jovens, eles empreenderam valentemente uma batalha intensa contra a doença. Porém, um mês antes de Bill ser nomeado diretor geral, Andréa morreu. Ela tinha apenas 42 anos. Assumindo os novos papéis de viúvo, único responsável pelas filhas e diretor geral, Bill Foote fez a opção de se expor emocionalmente a seu grupo de administração. Ele falou do fundo do seu coração. Esta decisão incomum de compartilhar suas dificuldades publicamente calou o recinto. "Dava para ouvir um alfinete cair", disse um gerente. Os gestores veteranos estavam enxugavam suas lágrimas.

O resultado final da sinceridade de Bill era igualmente incomum. O *The Wall Street Journal* relatou, posteriormente: "Do jeito que os gerentes falaram depois... a mensagem clara era: 'Se nós tivermos de passar através de paredes por este sujeito, nós o faremos'." Além disso, a disposição de Bill de demonstrar sua própria vulnerabilidade e sua humanidade reverberou por toda a empresa. A firma demonstrou uma atenção renovada para os assuntos de família e, mais amplamente, revelou uma sensibilidade maior para as necessidades de funcionários. Por exemplo, quando os executivos decidiram fechar uma fábrica em Virginia, um ano depois do discurso de Bill, os trabalhadores foram avisados com dois anos e meio de antecedência e tiveram ampla ajuda para encontrarem um novo emprego.

"No fim das contas", concluiu o jornal, "tanto a liderança de Foote quanto a cultura corporativa da USG... se fortaleceram."[1]

COMO RECONHECER A HUMILDADE

A humildade manifesta-se de várias maneiras, como faz o seu oposto, o orgulho. E como ilustrado de forma tão pungente por Bill Foote, a manifestação de uma postura humilde é a disposição de deixar transparentes as aflições da própria pessoa, sua vulnerabilidade e sua insegurança – o desejo de compartilhar com os outros que temos as mesmas fragilidades humanas que eles possuem. Em algumas de suas outras formas, a humildade pode aparecer como a disposição de servir aos outros primeiro; como a paciência diante das deficiências das outras pessoas; ou como uma inclinação a receber bem os conselhos (Décimo Primeiro Princípio).

No contexto do local de trabalho, a *humildade administrativa* pode ser definida como uma atitude que, apesar da posição hierárquica sobre os subordinados no que diz respeito a título, autoridade, educação, habilidade ou salário, *não há nenhuma diferença no nível mais básico da existência de uma pessoa.* Isto é, para um gestor cristão, a humildade genuína significa abrir mão das distinções de *status* artificiais entre pessoas a favor do modelo mais igualitário de Deus.

Sem dúvida, este pensamento se opõe ao de uma humanindade pecadora e contaminada pelo orgulho. E é certamente anormal em organizações burocráticas, nas quais a estrutura hierárquica acentua e institucionaliza tais distinções de *status*. Para os que se esforçam em ser mais humildes como gerentes e os que considerariam tal mudança, a Escritura oferece uma direção. De fato, humildade é, geralmente, um dos tópicos mais amplamente discutidos em Provérbios e na Palavra de Deus como um todo.

Provérbios sobre Humildade

Entre os muitos provérbios que falam sobre a questão da humildade, talvez o mais eloqüente seja aquele no qual a própria palavra "humildade" não aparece:

> *O rico e o pobre se encontram; a um e a outro faz o Senhor.*
>
> *Provérbios 22:2*

Nenhuma distinção diante de Deus

Sem dúvida, todos nós sabemos disto. Deus criou tudo e todos. Este é o princípio mais básico da Teologia. Mas, por alguma razão, o conhecimento desta verdade primordial que somos todos filhos do mesmo Pai – todos amados por ele, todos preciosos para ele – nem sempre migra da cabeça ao coração de uma pessoa. Em vez disto, cristãos, como outros, tendem a aderir mentalmente a distinções e insistir em ordens que aborrecem um Deus que nos desafia a ver as pessoas como ele as vê.

O provérbio de 22:2 é um lembrete importante. Ele revela que a base para se administrar pessoas com humildade é reconhecer que *os subordinados a nós no trabalho estão, de fato, ao nosso lado, onde realmente importa perante o Criador.* No Novo Testamento, o apóstolo Paulo fala freqüentemente sobre este tema. "Não pense de si mesmo além do que convém; antes, pense com moderação, segundo a medida da fé que Deus repartiu a cada um" (Rm 12:3b), disse ele aos cristãos em Roma. Isto indica que Deus chama os gestores cristãos a rejeitar completamente o elevado *status* conferido a eles nos níveis administrativos. Em lugar disto, como gestor cristão, cada um deve agir, "por humildade, considerando cada um os outros superiores a si mesmo" (Fp 2:3).

HUMILDADE *VERSUS* ORGULHO: DOIS CAMINHOS DISTINTOS

Além da advertência básica, no entanto, os provérbios também nos mostram as conseqüências e alertam sobre o resultado provável de uma atitude humilde e sua antítese, um espírito orgulhoso. Considere esta pequena mas representativa prova de seu ensinamento:

> *Em vindo a soberba, sobrevém a desonra, mas com os humildes está a sabedoria.*
>
> *PROVÉRBIOS 11:2*

> *A soberba precede a ruína, e a altivez do espírito, a queda.*
>
> *PROVÉRBIOS 16:18*

> *Antes da ruína, gaba-se o coração do homem, e diante da honra vai a humildade.*
>
> *PROVÉRBIOS 18:12*

> *O galardão da humildade e o temor do SENHOR são riquezas e honra, e vida.*
>
> *PROVÉRBIOS 22:4*

Os dois caminhos e seus destinos são distintos. A humildade é precursora da sabedoria, da honra, da prosperidade e de uma vida de honra a Deus, enquanto o orgulho traz a desgraça, a destruição e a queda da pessoa. Muitos já puderam sentir os efeitos do orgulho, pois a maioria de nós cometeu este tipo de erro e já experimentou seus resultados complicados. No entanto, os resultados da humildade são menos óbvios e precisam de uma análise mais profunda, principalmente num contexto administrativo.

HUMILDADE E ORGULHO NO GERENCIAMENTO DE PESSOAS

Em termos práticos, as implicações de se adotar uma atitude de humildade tocam quase todos os aspectos do gerenciamento de pessoas. Da gestão do funcionário e de desempenho aos detalhes da relação de emprego, a habilidade de uma pessoa para tomar decisões dentro de um padrão de conduta cristã é, em grande parte, uma função da disposição desta para adotar o papel de servo e pôr as necessidades de outros à frente das próprias. Por outro lado, decisões que são alimentadas pelo orgulho de tendem a desagradar a Deus e não ser benéficas para os funcionários.

Além disso, nossas atitudes como gestor, no momento de tomar decisões, podem afetar nossa eficiência e nossa produtividade em nossa unidade, e atitudes resultantes do orgulho podem invadir a maioria das áreas de gerenciamento. O quadro 3 contrasta as manifestações de uma postura de orgulho com as de uma atitude de humildade.

QUADRO 3

ORGULHO *VERSUS* HUMILDADE NO GERENCIAMENTO DE PESSOAS

ASSUNTO	ATITUDE DE ORGULHO	ATITUDE DE HUMILDADE
Entrevista de candidatos	Eu posso averiguar o que preciso saber sobre uma pessoa quando falo com ela.	Uma segunda opinião e talvez um teste poderiam ser de grande valia.

Desenvolvimento da carreira dos funcionários	Isto é da responsabilidade do funcionário, não minha.	É da minha responsabilidade fazer disto uma prioridade.
Solicitar idéias aos funcionários	Eu sei mais do que eles. Boas idéias dos subordinados podem me desvalorizar.	Eu posso aprender de pessoas de um escalão mais baixo do que o meu. A empresa pode se beneficiar das visões dos funcionários.
Avaliar o estresse dos funcionários	Eu já tenho muito que fazer para ainda me preocupar com o nível de estresse dos funcionários.	É da minha alçada melhorar a qualidade de vida no trabalho.
Obrigações familiares dos funcionários	Se eu for me preocupar com isso, terei de me preocupar com todos os funcionários.	Quem sou eu para prejudicar suas famílias?
Lidar com funcionários com baixo desempenho	Melhore ou teremos de tomar outras providências.	A administração contribuiu para o baixo desempenho? De qualquer maneira, posso fazer algo para ajudar esta pessoa a melhorar?
Solução de conflitos	Eu sou o único árbitro de conflitos. Isto mantém controle e consistência.	Posso não ter a visão mais adequada das coisas ou ser parcial, por isso é necessário que haja um sistema objetivo que garante a correção do processo.
Geral	Eu sou o chefe.	Deus é o Chefe.

Estas reações de orgulho podem parecer radicais, ainda que, às vezes, todos tenhamos a tendência de agir destas formas em um ou mais dos assuntos citados no quadro. Por outro lado, repare no tom da resposta da pessoa de coração humilde. Parece evidente que a humildade pode conduzir a coisas como honra, riqueza, sabedoria e uma vida espiritual vibrante. O gestor que humildemente satisfaz as necessidades do funcionário em domínios tais como desenvolvimento de carreira, participação, satisfação no trabalho, tempo para a família, treinamento e processos de solução de conflitos será altamente venerado, talvez *honrado* mais do que outros gerentes na empresa.

Além disso, como veremos ao longo deste livro, evidências empíricas e casos reais indicam que demonstrar uma atitude humilde leva a um maior comprometimento dos funcionários, produtividade e conservação do quadro de pessoal, assim como gera mais qualidade e melhor desempenho na empresa. Em outras palavras, a humildade pode conduzir à *riqueza* através destas variáveis.

Também pode conduzir à sabedoria, à vontade de aprender com os outros e trazê-los para o processo de decisões (como ao entrevistar candidatos, para citar um dos muitos exemplos possíveis), aumentar o conhecimento e a perspicácia de uma pessoa. Esta ligação entre a humildade e a sabedoria é destacada no décimo primeiro princípio e valoriza o que o funcionário tem a dizer (através da solicitação de idéias e pedidos de conselho a ele; veja páginas 131-135).

De modo geral, ter humildade para acatar a Deus como Cabeça da empresa e reconhecer que ele sabe melhor do que nós o que é mais apropriado para os negócios traz vida para a nossa relação com ele. Para recapitular um ponto do primeiro princípio, tudo o mais flui da dedicação do trabalho àquele que o criou. De fato, como Provérbios 22:4 nos ensina, "O galardão da humildade e o temor do Senhor são riquezas, e honra, e vida".

Abraçando a Humildade

Poucas atitudes são tão antagônicas ao modelo de Cristo quanto a de manter o ego inflado, a ponto de se supervalorizar. Cristo é a própria encarnação da humildade, pois "a si mesmo se esvaziou, assumindo a forma de servo". Ele era Deus, mas, por causa de nossos pecados, "a si mesmo se humilhou, tornando-se obediente até à morte e morte de cruz" (Fp 2:7,8). Nossa tarefa, Paulo escreveu é imitar este exemplo: "Tende em vós o mesmo sentimento que houve também em Cristo Jesus" (Fp 2:5).

Assim sendo, em nossos locais de trabalho, seja à frente de uma empresa riquíssima como a USG Corporation ou dirigindo uma equipe de meia dúzia de funcionários em uma unidade ou departamento, os gerenciadores cristãos, através de palavras e ações, são chamados a testemunhar a humildade de Cristo. Isto requer a disposição de servir em lugar de ser servido (Mateus 20:28); a satisfação em ser o segundo, em vez do primeiro; a propensão a escutar mais do que desejar ser ouvido; e um jeito de ensinar que nos permita aprender com as pessoas ao nosso redor.

Além disso, ao abraçar a humildade na carreira profissional, a pessoa passa a se ver de forma bastante diferente – com julgamento sóbrio, como Paulo ensina em Romanos 12:3. Ela olha para os trabalhos bem executados como obras de Deus, realizações pessoais em consonância com as realizações do Senhor, os talentos pessoais como dádivas do Pai, e a vida abençoada como providência divina.

Em suma, um gestor humilde deve ver a si e aos outros a partir da perspectiva de Deus, não da perspcetiva humana. Como gerenciadores que adotam a humildade, podemos ver mais claramente nossa relativa pequenez, apesar de qualquer poder ou posição que Deus nos tenha concedido. Somos menos propensos a pensar muito de nós mesmos ou a permitir que nosso orgulho inato subverta o plano de Deus para o nosso trabalho.

Finalmente, ao administrar nossos funcionários, ver através dos olhos de Deus inibe o risco de pensarmos de forma autocrática (com todas as suas conseqüências prejudiciais). Ao contrário, reconhecemos que, apesar de qualquer vantagem de conhecimento ou experiência que tenhamos sobre nossos subordinados, não somos, na realidade, superiores a eles onde é mais importante: perante Deus. O provérbio nos lembra: "a um e a outro faz o SENHOR".

Quarto Princípio

Coloque a Família antes do Trabalho

"Lutei durante muito tempo com isto", disse Brenda Barnes, funcionária com 22 anos de serviço na PepsiCo, *holding* da Pepsi-Cola. Mãe de três crianças de sete, oito e dez anos de idade, ela tinha gastado mais da metade de sua vida escalando os degraus da empresa. Agora, próxima do topo, ela possuía os títulos de presidente e diretora-executiva da divisão norte-americana da Pepsi. Aos 43 anos, Brenda estava entre as mulheres que ocupavam as mais altas posições em empresas dos Estados Unidos, controlando uma estrutura que gerava aproximadamente 1,4 bilhão de dólares por ano em lucros, e recebia um salário de quase 2 milhões de dólares anuais.[1]

Mas a sua ascensão rápida e o *status* impressionante que alcançou vieram a um preço muito alto. Manter uma posição central nas altas esferas da administração de uma empresa requer compromissos regulares em jantares e uma agenda repleta de viagens. A maioria dos dias de trabalho se estendia por exaustivas 16 horas – das 3h30 até as 19h30 –, dispondo apenas de alguns minutos diários com sua família. Brenda estava perdendo a maioria dos jogos de futebol dos seus filhos. Ela só via as partidas no vídeo. E quando o aniversário de uma criança caía num dia de semana, a mãe nunca estava presente, o que todos notavam.

A longa luta de Brenda ilustra uma tensão que todos os pais que trabalham fora sentem, nas mais diversas proporções. Tentamos dar 100% tanto à vida profissional quanto ao convívio com a família, mas raramente obtemos sucesso. Inevitavelmente, um dos dois lados sofre, e freqüentemente é nossa família: nosso cônjuge e/ou os filhos. A família não recebe o tratamento que merece, colocada em segundo plano em função das necessidades aparentemente urgentes do trabalho.

A sabedoria convencional sugere que a tensão entre o trabalho e a família seja causada por realidades empresariais que simplesmente estão além do nosso controle. Pense na natureza dos nossos cargos administrativos e profissionais. Alguns requerem viagens; não há nenhum modo de contornar esta situação. Muitos exigem a dedicação de longas horas para cumprir prazos finais em projetos que fazemos sob pressão. E num ambiente crescentemente competitivo, a pessoa é freqüentemente compelida a ficar no trabalho até a hora do jantar, não importando a sua situação pessoal. Afinal de contas, é muito difícil poder falar para um cliente potencial: "Desculpe-me, mas você pode ficar com os seus 200 mil porque eu tenho um compromisso marcado com o professor do meu filho esta tarde". Alguns tipos de trabalho requerem até que se trabalhe nos fins de semana, se a pessoa tem qualquer aspiração a avançar na hierarquia. Esta é a regra inescapável de quase toda empresa.

Até mesmo quando o estímulo do lucro não existe, há pressões semelhantes para que se troque a família pelo trabalho. Pergunte para qualquer diretor de instituição de assistência social que trabalha em tempo integral para angariar contribuições para manter sua organização funcionando. Ou questione um pastor de igreja sobre a última vez que ele trabalhou uma simples semana de 40 horas. Eu garanto que isto exigiu mais dele do que o próprio seminário.

Assim, é isto que encontramos no início do século XXI: nossa cultura chegou agora a um ponto em que o sucesso na carreira (ou, às vezes, só a sua manutenção) exige um compromisso e uma flexibilidade cada vez maior de nossa parte, mais do que nunca antes. A culpa, costumamos argumentar, é da natureza dos negócios, esta realidade inalterável. As vítimas são nossas famílias, que se vêem privadas do tempo que deveriam passar conosco.

A Sabedoria não Convencional dos Provérbios

Isso é o que diz a sabedoria convencional. E, de fato, tem um pouco de razão. Porém, o Livro de Provérbios oferece uma perspectiva menos fatalista. Ele sugere que o dilema entre o trabalho e a família pode ocorrer mais freqüentemente em função de questões internas do que de situações fora de nosso controle. Não aponta para os outros, como um chefe que nos sobrecarrega, as queixas dos funcionários ou a pressão dos prazos para cumprimento de tarefas. Indica nossa própria ambição, nosso orgulho e, em alguns casos, nossa cobiça.

Pergunte por quê

De forma adequada, a sabedoria não convencional de Provérbios convida-nos a uma atitude de introspecção e a uma avaliação pessoal freqüente e franca sobre o *motivo* de estarmos procurando determinado caminho para a carreira, em particular, assim como o *porquê* de estarmos trabalhando tantas horas e nos sobrecarregando com tantas responsabilidades. A razão pode ser elementar, como a busca da garantia do emprego. Mas também há algumas motivações abomináveis. A razão é simplesmente a de pôr comida na mesa e economizar para a faculdade das crianças ou a perseguição de uma vida de luxos, títulos, prestígio e poder?

Provérbios 23:4,5 ajuda-nos a distinguir as razões legítimas das ilegítimas, ao pensarmos nas longas horas de trabalho:

> *Não te fatigues para seres rico; não apliques nisso a tua inteligência. Porventura, fitarás os olhos naquilo que não é nada? Pois, certamente, a riqueza fará para si asas, como a águia que voa pelos céus.*

A primeira advertência é razoavelmente clara e direta. A perseguição às riquezas não é merecedora de nosso tempo e nossa energia, tão limitados. Mas "riqueza" não se refere somente a dinheiro. Ao longo do Antigo Testamento, a palavra traduzida aqui como "rico" e "riqueza" também carrega a conotação de "acumulação" ou "enriquecimento". O sentido mais amplo, portanto, é que não devemos nos desgastar tanto para acumular possessões ou para nos enriquecer com poder, adulação ou outra coisa do gênero para satisfazer o ego. Ao contrário, devemos procurar um caminho diferente.

O caminho de sabedoria é da moderação, mas não uma moderação passiva. Devemos ser ativos e insistentes. A *Nova Tradução na Linguagem de Hoje* diz: "Não se mate de trabalhar, tentando ficar rico." No texto da *Nova Versão Internacional* lemos: "Não esgote suas forças... tenha bom senso." Ou seja, devemos esquecer de nossa própria sabedoria humana, nossa maneira atual de perseguir riquezas e outros bens materiais.

Além de simplesmente exercitar a moderação, o autor do provérbio está nos alertando para nossa tendência de transformar a carreira e a acumulação de riquezas em ídolos, e ele nos aconselha a desistir agora. Não devemos seguir o caminho inato, que é nossa própria sabedoria humana, ou "inteligência", como vemos na versão *Revista e Atualizada*. Resista à tentação. Ainda que você encontre a fortuna material, para a qual você exaure, ela será passageira, conforme lemos em Provérbios 23:5: de forma definitiva, ela "fará para si asas" e sairá voando.

CONTROLE SEUS DESEJOS PESSOAIS

Este é um ponto crítico. Seguir nossas próprias inclinações – a natureza pecadora, inerente à nossa condição humana – acaba nos destruindo. Isto inibe nossa relação com Deus e corrói nossa relação com nossa família. Vemos este mesmo ensinamento de forma ainda mais clara em Provérbios 5. Em meio a um longo discurso sobre adultério e repetidas advertências contra a busca insana de nossos prazeres carnais, Salomão adverte: "Bebe a água da tua própria cisterna" e "alegra-te com a mulher da tua mocidade" (vv. 15 e 18). O ensinamento é que pode parecer natural sucumbir à cobiça, quando uma pessoa ganha muita projeção profissional. Você será tentado. Mas rompa com esta tendência e resista! Mostre moderação, modifique o seu juízo sobre esse assunto e regozije-se em sua família. Siga o caminho de Deus, em vez do seu próprio caminho.

Assim, ao lutar para criar um equilíbrio entre trabalho e família, devemos nos lembrar da tentação inata e sempre presente de subordinar as necessidades familiares aos desejos pessoais. Não importa se estes desejos são poder, objetos materiais, o direito de vangloriar-se ou um nível de afirmação não disponível em casa. Provérbios nos desafia a resistir veementemente à vontade de procurar essas riquezas às custas da própria família.

Note que este é um problema *interior*. Os dilemas pelos quais passamos têm pouco a ver com a natureza do negócio; pelo contrário, o Livro de Provérbios mostra a natureza pecadora do homem como principal culpado. Para qualquer indivíduo, a tensão pode ser desencadeada por uma tendência natural de procurar sua própria definição de sucesso, em lugar da definição de Deus. Sob esta luz, então, Provérbios convida-nos a considerar se qualquer desequilíbrio entre o trabalho e a família pode ser tratado a partir do nosso próprio interior.

Os Benefícios de Colocar a Família em Primeiro Lugar

Os benefícios para a família

Em outra parte do Livro de Provérbios, somos informados das conseqüências que sobrevêm à família diante da escolha entre os caminhos da sabedoria e da loucura. Aqui está uma conjugação de versículos reveladora:

> *O justo anda na sua integridade; felizes lhe são os filhos depois dele.*
>
> *Provérbios 20:7*

O que é ávido por lucro desonesto transtorna a sua casa, mas o que odeia o suborno, esse viverá.

PROVÉRBIOS 15:27

Em ambos os versículos, vemos que a maneira pela qual vivemos afeta os membros da nossa família. Há muitas conseqüências de um viver íntegro, e entre elas, como informa Provérbios 20:7, está a bênção sobre nossos filhos. Eles são os principais beneficiados quando trilhamos o caminho de Deus, quando, de forma fiel, fazemos coisas como colocar a família antes da carreira.

Mas este resultado também pode ser negativo. O homem "ávido por lucro desonesto" de 15:27; que "fica rico por meios desonestos" (NTLH); que é "avarento" (NVI) traz dificuldade para a sua casa. A ligação entre uma coisa e outra é explícita e inevitável. Se cobiçarmos muito dinheiro e um escritório de primeira categoria, e se lançarmos mão de todos os meios à nossa disposição para os adquirir, correremos um tremendo risco em casa. Se estamos na sala da diretoria ou na linha de montagem, conduzindo uma empresa, uma instituição de caridade ou à frente de uma campanha, a mensagem de Provérbios é a mesma. O caminho da loucura é caro além da medida. Priorize a família sobre o trabalho.

OS BENEFÍCIOS PARA A ORGANIZAÇÃO

Obviamente, alinhar as prioridades pessoais desta maneira tem uma série de vantagens. Mas e o seu efeito no sistema de administração? Para a organização, algum valor é somado quando um chefe pensa primeiro em termos de família?

Alguém poderia sugerir que um grupo de trabalho seria paralisado, se tivesse uma pessoa na chefia que abraçasse outras prioridades em primeiro lugar. Mas, na prática, esta pessoa será mais um componente ativo do que passivo para o grupo e para a organização como um todo. Veja o motivo.

De uma perspectiva estritamente financeira, um gerente sensível à família não só atende as necessidades dos funcionários como também chega aos objetivos organizacionais de longo prazo de uma maneira mais eficiente do que o tradicional gerente que coloca o trabalho em primeiro lugar. As iniciativas crescentes de empresas nesta área testemunham poderosamente a favor desta verdade. Vários grandes empregadores viram a sabedoria implícita na inclusão de benefícios, como plano de saúde e seguro de vida, programas de ajuda aos funcionários e a seus dependentes e bolsas de estudos. Outros empregadores também se engajaram numa remodelação do conceito de trabalho, desenvolvendo esquemas flexíveis do tempo de trabalho, intercâmbios e compartilhamento do serviço, na medida em que os responsáveis pela política de trabalho das empresas reconhecem a importância de se diminuir as tensões tanto no ambiente de trabalho do funcionário quanto na sua vida familiar.

Por mais que gostemos de pensar que essas tendências são uma obrigação de uma diretoria mais iluminada, mais ética e até mesmo mais compassiva, muito deste movimento pode ser creditado ao estímulo pelo lucro. Ambientes de trabalho que contribuem para uma boa relação familiar podem ser bons para os negócios. De fato, este conceito está se tornando tão freqüente que revistas conhecidas, como a *Business Week* e a *Fortune* – publicações que têm como público-alvo o tradicional gerente do tipo "lucro é tudo" –, estão gerando pesquisas semestrais para premiar as empresas mais "amigas da família".

Deste modo, parece haver uma ligação entre a sensibilidade quanto às preocupações familiares do funcionário e seu desempenho na empresa. Mas há um elemento importante para ser lembrado aqui. Não importa qual a extensão das políticas "amigas da família" de uma empresa, *a importância deste tipo de administração depende, em última instância, de como cada chefe reage às necessidades individuais do subordinado.* É por isso que o chefe que, pessoalmente, abraça a primazia da família como princípio é um verdadeiro trunfo para a empresa: é mais provável que ele ou ela ajude genuinamente seu funcionário nas questões que o preocupam, nutrindo, desta forma, o estabelecimento de um pacto que engloba o compromisso, a produtividade e a permanência do funcionário na empresa por um longo período.

A Família em Primeiro Lugar

Colocar a família adiante do trabalho requer humildade e fé. É um ato abnegado que pode requerer a decisão humilde de renunciar algumas responsabilidades de trabalho, deixar para trás uma promoção ou pular fora do caminho mais rápido. Até mais radicalmente, poderia significar uma mudança de emprego que significa deixar para trás a segurança de um cargo assalariado, com todos os direitos trabalhistas, para abrir seu próprio negócio em casa. Para quem já é um empreendedor, pode implicar a redução da carga horária, através da inclusão de um sócio. Repare que uma das conseqüências secundárias, em muitos desses casos, é possivelmente um corte no salário, deixando-nos a fé de que Deus proverá tudo que necessitamos.

Note também que não há nenhuma resposta imediata aqui. Os resultados variarão de acordo com as circunstâncias particulares. Para Brenda Barnes, entretanto, a luta deu lugar a uma decisão que muitos partidários da sabedoria convencional achariam inconcebível. "Lutei durante muito tempo com isto", disse ela à Pepsi e ao restante do mundo. Mas "chegou a hora de dedicar 100% de meu tempo a eles." O "eles" na declaração de Brenda era o marido e as crianças. Ela tinha elegido descer de sua posição como capitão de uma indústria, deixar para trás seu salário de sete dígitos e suspender sua carreira profissional em favor de ser uma mãe presente.

Os diretores mais poderosos da Pepsi tentaram de tudo para dissuadi-la. Eles ofereceram um horário mais flexível, menos responsabilidades, trabalhos menos exigentes. Até mesmo o lendário presidente anterior, Donald Kendall, envolveu-se na questão. A Pepsi tinha guardado para Brenda "coisas maiores", eles disseram, e faria de tudo para mantê-la.

Brenda discutiu isso tudo com sua família. O que precisaria para atingir um melhor equilíbrio? Entre as possíveis soluções, uma de suas crianças disse que ela poderia continuar trabalhando, se prometesse estar em casa em todos os dias de aniversário deles. Para ela, esta foi a gota d'água. Quando seus filhos em idade escolar estão pedindo apenas alguns dias de seu tempo entre o agora e a hora de sair de casa para estudar numa faculdade, é tempo de fazer algumas escolhas difíceis. Esta foi a conclusão à qual Brenda chegou.[2]

Outras lutas culminaram semelhantemente na renúncia de vastas *riquezas* por causa da família. Na década de 1990, Robert Reich deixou a posição que ocupava, como secretário de Trabalho, por razões familiares. Peter Lynch, o cabeça do Fundo Magellan, unidade lucrativa da Fidelity, fez o mesmo. Penny Hughes, outra mulher executiva da indústria de bebidas, deixou sua posição como presidente da Coca-Cola pela Grã-Bretanha e a Irlanda, por causa de seu filho recém-nascido.[3]

O Livro de Provérbios não designa que nós, em nome da família, temos de deixar a mão-de-obra ou temos de achar um novo emprego. Mas nos recorda que as escolhas relacionadas ao trabalho que nós fazemos são de fato escolhas, e que elas terão um efeito profundo em nossas relações em casa. Além disso, nos aconselha sobre como é fácil fazer as escolhas trabalho-família erradas, e como é fácil se render às tentações da nossa natureza. Se fizermos assim, nós verdadeiramente sacrificaremos nossos filhos e o matrimônio no altar do sucesso na carreira. Para evitar isto, o Livro de Provérbios nos convida a casar nossas prioridades com as prioridades de Deus, ajustando a carreira a um tempo familiar não negociável, em vez do contrário.

Parte 2

O Desenvolvimento de uma Mão-de-obra Competitiva

Quinto Princípio

Avalie Duas Vezes, Contrate Uma

Trabalhando no turno da noite, Ronny Quynn tinha acabado de sair para fumar quando vários homens mascarados pularam de trás dos arbustos. Armas brandindo, eles renderam Ronny, taparam seus olhos e exigiram que ele os levasse às instalações da empresa Cyrix. Ronny não teve escolha. Usando seu distintivo de segurança, ele conduziu os homens por várias portas até a área da Cyrix onde os valiosos *chips* de computador da empresa eram fabricados.

Os bandidos amarraram outros quatro funcionários e os forçaram a deitar no chão. Então começaram a roubar tantos chips quantos pudessem levar. Em questão de minutos, o assalto de 350 mil dólares – um dos maiores do gênero, em 1994 – estava completo.

Após o incidente, a polícia incriminou cinco membros de uma quadrilha local, pois eles estariam relacionados ao roubo. De acordo com um informante da quadrilha, os ladrões "tiveram informações internas que teriam tornado mais fácil a realização do crime". De fato, a quadrilha tinha infiltrado um de seus membros na Cyrix, como um funcionário.[1]

O episódio com a Cyrix não é único. De acordo com a Sociedade para a Administração de Recursos Humanos, cada vez mais quadrilhas estão infiltrando seus membros em empresas, que se fazem passar por legítimos candidatos a empregos, não só para ganhar acesso a mercadorias, mas também para ganhar seguro de saúde e outros benefícios.[2] E não são só os gerentes de pessoal inexperientes que são enganados. Membros de quadrilhas conseguiram burlar até mesmo o criterioso processo de consulta de cadastros da Delegacia de Polícia de Chicago.[3]

Decisões equivocadas sobre contratação de pessoal são custosas e comuns. Um caso clássico, estudado na maioria dos cursos de leis empregatícias, envolve a contratação de um caminhoneiro que, sem que a empresa tivesse conhecimento, era um estuprador condenado. Dias depois de funcionário, aquele ex-presidiário e novo funcionário estuprou uma pessoa que havia pedido carona a ele.[4]

Alguns sindicatos de trabalhadores também dominaram a fina arte de trapacear na candidatura a empregos. Por muitos anos, eles usaram uma tática legalmente correta[5] e extremamente eficaz, conhecida como "salgamento", na qual pessoas do sindicato solicitam empregos em empresas não sindicalizadas. Uma vez dentro da empresa, o agente do sindicato tem uma chance muito maior de atingir os funcionários com a mensagem sindical e assegurar a eleição de um representante.

É claro que não somente vigaristas experientes falseiam os seus antecedentes para possíveis empregadores. Um estudo de 1988, entre 200 candidatos a emprego pela Equifax, uma firma de checagem de cadastro de âmbito nacional, concluiu que 29% deles mentiram nos seus currículos sobre datas de emprego, 11% mentiram sobre as razões pelas quais deixaram seus trabalhos prévios e 8% exageraram na escolaridade.[6] Mais recentemente, uma pesquisa feita em 1994 pela AccounTemps concluiu, semelhantemente, que 1/3 dos currículos contém adulteração em históricos de emprego, graus de escolaridade e outras informações vitais.[7]

PROVÉRBIOS SOBRE RECRUTAMENTO

TENHA UMA ATITUDE SÉRIA EM RELAÇÃO À SELEÇÃO DE PESSOAL

Realmente, a seleção de funcionários é uma tarefa das mais arriscadas. Ou não? O Livro de Provérbios mostra que as armadilhas do recrutamento de pessoal são coisa antiga e especificamente nos previne contra qualquer negligência no momento de medir as qualificações e a integridade de um candidato. Um versículo-chave toca diretamente neste ponto:

> *Como um flecheiro que a todos fere, assim é o que assalaria os insensatos e os transgressores.*
>
> PROVÉRBIOS 26:10

O "flecheiro" a que Salomão se refere não é um caçador vagaroso. Arqueiros, nos tempos bíblicos, eram guerreiros altamente qualificados. Treinados desde a infância e mortalmente precisos, eles formavam a primeira linha de um exército de ataque, porque podiam neutralizar o inimigo a grandes distâncias. Pouco poderia impedi-los de completar sua tarefa, pois, além de sua precisão, suas flechas poderiam perfurar quase todo tipo de armadura da época.

Agora pense no que está implícito num arqueiro que fere ao acaso, ou, como traduzido na versão *Revista e Atualizada*, um flecheiro que fere "a todos". O desempenho deste indivíduo não é proporcional nem ao seu treinamento nem à perspicácia de seus iguais. Ele está fazendo excepcionalmente mal algo que deveria estar fazendo excepcionalmente bem. Além disso, ele constitui um risco. Um arqueiro que atira a esmo fere, às vezes, os aliados. Ele é pior que simplesmente improdutivo: é contraprodutivo, pois atira em pessoas do seu próprio lado e mina o esforço da guerra.

Pareceria, então, que ao escolher esta comparação, Salomão estava fazendo uma observação generalizada que *uma atitude informal na hora da contratação é imprudente e perigosa.* Significa fazer de forma displicente algo que exige um trabalho de grande precisão. Quando não se faz desta forma, o processo não passa de um tiro no escuro. Ninguém sai imune, desde os donos da empresa até o supervisor de contratação e os colegas de trabalho, ou desde os clientes internos e externos do novo funcionário até ele próprio, que não condiz com o trabalho.

CONSIDERE O CARÁTER DO CANDIDATO

O provérbio também oferece uma instrução mais específica: não devemos contratar "insensatos" nem tampouco "transgressores". O que é traduzido aqui como "insensato" não é a mesma palavra de Provérbios 1:7, que carrega uma conotação de deficiência moral (veja o capítulo introdutório); ao contrário, a palavra descreve aqueles que são arrogantes, tolos ou néscios. E o que é traduzido aqui como advertindo contra a contratação de "transgressores" também pode significar, mais estritamente, não contrate "qualquer tolo" ou "o primeiro que passa" (de fato, estas são as traduções, respectivamente, na *Nova Tradução na Linguagem de Hoje* e na *Nova Versão Internacional*). Uma pessoa poderia deduzir uma mensagem adicional de Provérbios 26:10: o caráter dos funcionários importa, e devemos medir isto antes de fazer qualquer oferta de trabalho.

Em outra parte do Livro de Provérbios, este conselho sobre o caráter do candidato está dado ainda mais diretamente, como ilustrado na seguinte série de versículos:

> *Como vinagre para os dentes e fumaça para os olhos, assim é o preguiçoso para aqueles que o mandam.*
>
> *PROVÉRBIOS 10:26*
>
> *Como o frescor de neve no tempo da ceifa, assim é o mensageiro fiel para com os que o enviam, porque refrigera a alma dos seus senhores.*
>
> *PROVÉRBIOS 25:13*

Em Provérbios 10:26, vemos novamente as conseqüências negativas de um erro de contratação. O chefe que contrata um preguiçoso não colhe nada além de desconforto. Realmente, ele fica *queimado* (como a fumaça poderia queimar os olhos) e se torna amargo (como o vinagre é amargo aos dentes). Se ele tivesse, em vez disso, empregado alguém confiável e habilidoso, um "mensageiro fiel", ele poderia estar com a cabeça mais tranqüila. Quer dizer, seu fardo teria ficado mais leve, em vez de pesar mais. O abismo entre estes dois resultados deve compelir o gerente a fazer a seleção de pessoal de forma racional e, como parte do processo de seleção, considerar as características do caráter (tais como a ética e a probidade do potencial funcionário).

Ajustando o Sistema de Recrutamento

Esses provérbios promovem o que os homens de negócio podem até saber por intuição, mas, por várias razões, às vezes desconsideram: um sistema de recrutamento de pessoal deveria ser sofisticado o bastante para filtrar, com precisão e de forma constante, os candidatos indesejáveis. E a avaliação do caráter, por mais difícil que possa ser, deve ser o ponto mais importante no sistema.

Um sistema eficaz de seleção de pessoal começa com a necessidade de se saber o que é preciso medir. No linguajar de recursos humanos, este passo freqüentemente negligenciado é chamado "conduzir uma análise do trabalho" para o cargo vago ou, dentro de uma perspectiva macro, para cada trabalho na organização. Em uma frase, a análise de trabalho identifica (1) todas as tarefas específicas executadas no trabalho e (2) o conhecimento, as aptidões, as habilidades e outros atributos (como o caráter) exigidos para executar essas tarefas prosperamente. Geralmente, atitudes mais formais para a análise do trabalho geram dados melhores que as menos formais.[8]

Uma vez identificado o que será medido exatamente, a fase de checagem normalmente inclui algumas combinações, tais como a verificação de referências, testes e entrevistas pessoais. Cada um destes elementos atua como uma medida, mesmo imperfeita, das possíveis qualificações e do desempenho no trabalho, futuramente. Para tornar a medida dos nossos processos de contratação atuais ainda melhor, podemos nos valer do uso de todas as três ferramentas, contanto que reconheçamos e levemos em conta suas limitações.

VERIFICAÇÃO DE REFERÊNCIAS

Todo empregador pede referências. Elas não só servem como uma importante investigação dos dados fornecidos pelo candidato, como também, freqüentemente, fornecem informações simplesmente indisponíveis por quaisquer outros meios. É claro que isto só pode acontecer admitindo-se que você poderá obter as informações através das referências. O problema é que parece que as pessoas simplesmente não falam mais sobre funcionários anteriores. Além disso, a tendência não é a de se respeitar os ensinos bíblicos sobre a fofoca. Como tantas iniciativas comuns entre gestores, funciona de acordo com a lei dos homens.

Particularmente, os processos de difamação – alegações de que a pessoa A prejudicou a reputação de B falando algo à pessoa C – fizeram com que um número cada vez maior de empresas proibissem seus funcionários de dar referências. Como resultado, ao checar as referências, o melhor que você pode conseguir, na maioria das vezes, são as datas de admissão e demissão, condições básicas para a recontratação e o título do cargo que esta pessoa possuía. Elas não podem mencionar que o sujeito foi despedido por assediar sexualmente uma colega de trabalho, por exemplo. É uma norma da empresa.

Uma pesquisa de 1995 mostra-nos algumas reflexões sobre a magnitude do problema. De acordo com a Sociedade para Administração de Recursos Humanos, entre 1.331 profissionais de recursos humanos que responderam, 63% disseram que eles ou um colega de departamento já se recusaram a fornecer informações sobre um ex-funcionário devido ao medo de serem processados, e 17% disseram que tinham sido, de fato, ameaçados por ex-funcionários insatisfeitos que alegaram que uma referência incorreta havia sido fornecida.[9] A verificação das referências, historicamente uma base para a solicitação de informações importantes, está rapidamente se tornando um empreendimento falido. A lei mudou os sistemas provedores de referência.[10] Conseqüentemente, testes de emprego e entrevistas pessoais têm de tapar este buraco de algum modo.

TESTES DE SELEÇÃO

O crescimento dos mecanismos de testes desenvolvidos durante as últimas duas décadas nos fornece testemunho das deficiências das outras ferramentas de seleção. Os testes se propõem a revelar informações como a habilidade cognitiva do candidato, suas aptidões, seu potencial de liderança e até se usou drogas no último fim de semana. Eles podem mostrar ao responsável pela seleção se o candidato é emocionalmente estável ou se, por exemplo, poderia carregar um fuzil para o trabalho; se tem propensão ao roubo ou se é tão inflexivelmente honesto que entregaria a própria mãe por roubar algo em uma loja.

Para a maioria dos profissionais das empresas, a legitimidade e o valor de testes de desempenho ou exames cognitivos é ponto pacífico. Geralmente acreditamos, e corretamente, que estes instrumentos têm seu valor. O que é menos certo, entretanto, é a validade de testes que sondam dimensões do caráter de um candidato. Tais ferramentas são freqüentemente compreendidas como *transparentes* em suas pesquisas e, portanto, passíveis de fraude. Afinal de contas, que candidato vai dar uma resposta que o deprecie, por exemplo, à pergunta: "Você alguma vez roubou de seu empregador?"

Porém, instrumentos de testes para estas questões intangíveis evoluíram rapidamente nos últimos anos. E na comunidade acadêmica, não faltou zelo no desenvolvimento de sua precisão. Podemos dizer que esses estudos mostraram que alguns testes de emprego realmente podem avaliar efetivamente o caráter do candidato. Por exemplo, pesquisas que estão aparecendo nas altas administrações e em periódicos sobre psicologia aplicada afirmam a validez tanto dos testes de honestidade[11] quanto dos testes de "delinqüência empresarial" (que avalia a probabilidade de vandalismo, absenteísmo, queixas, insubordinação, violência etc.)[12] Além disso, estudos recentes com grande amostragem concluíram que as tentativas de distorcer as respostas de quem faz o teste não são muito ameaçadoras à sua validez.[13] Em outras palavras, alguns dos dados de sensibilidade de caráter que, de acordo com Provérbios, são pré-requisitos para a tomada de decisões sábias no momento do recrutamento de pessoal, podem ser coletados através de testes de seleção.

Mas lembre-se: o provérbio "você colhe o que você planta" tem melhor aplicação aqui do que em qualquer outro lugar. Há muitos testes de baixa qualidade, que não medem nada além da habilidade da pessoa para fazer aquela prova. Por isso, pesquise cuidadosamente os testes de avaliação de caráter antes de adquiri-los. Faça-os você mesmo para avaliar a capacidade de avaliação deles. A partir daí, invista em algum dos melhores. Fazendo assim, você obterá uma ferramenta poderosa que mostrará bandeiras vermelhas onde devem ser mostradas e que manterá o foco nos candidatos – que poderiam, de outra forma, ter sido negligenciados.

ENTREVISTAS PESSOAIS

Que empresa não confia na entrevista? É, sem dúvida, a ferramenta mais escolhida na seleção de funcionário, a que tem mais peso que qualquer outra.[14] Mas isto costuma ser um engano significativo. É justamente nosso excesso de confiança na entrevista pessoal o responsável por decisões de contratação lamentáveis ou pelos vários casos de rejeição de candidatos que teriam sido funcionários excepcionais. Os entrevistadores orgulham-se de ser os avaliadores de habilidades e os juízes do caráter, e, desta forma, damos o peso mais alto para aqueles 20 minutos de entrevista que gastamos com uma pessoa. Realmente, em muitos casos, fazemos o que depois parece ser a escolha certa; outras vezes, isto não acontece.

O Livro de Provérbios sugere que uma pessoa tem uma capacidade infinita para enganar, e que devemos dar um peso menor às entrevistas do que damos:

> *Aquele que aborrece dissimula com os lábios, mas no íntimo encobre o engano quando te falar suavemente, não te fies nele, porque sete abominações há no seu coração. Ainda que o seu ódio se encobre com engano, a sua malícia se descobrirá publicamente.*
>
> *PROVÉRBIOS 26:24-26.*

Independentemente de nossa experiência, sempre podemos ser enganados. Se ingenuamente ou obstinadamente ignoramos esta possibilidade, provavelmente cometeremos mais enganos na seleção de pessoal do que se humildemente reconhecermos isto.

Além disso, o provérbio ensina que, quando cometemos tal engano, a falha se tornará uma informação pública mais adiante. Parte da mensagem do provérbio, então, é a seguinte: ainda que um indivíduo consiga, a princípio, esconder seu verdadeiro caráter, com o passar do tempo e entre muitas pessoas, a verdade sobre ele ficará evidente. No trabalho, suas falhas de caráter serão expostas eventualmente a todo o mundo.

Amplas pesquisas de entrevista, datando de mais de oito décadas, reafirmam o ensinamento deste provérbio, no sentido de dar menos peso às entrevistas. Para resumir numa frase, os entrevistadores podem fazer muitas coisas para melhorar a qualidade de um processo de entrevista, mas ela tende a ser uma medida de qualificação e de avaliação de caráter passível de falhas.[15] Usá-las, como fazemos tão freqüentemente, como fator determinante exclusivo de adequação do candidato e seu desempenho no futuro não é uma atitude prudente. As entrevistas pessoais podem continuar sendo a principal ferramenta da maioria dos processos de recrutamento, mas devem ser complementadas pelas ferramentas já mencionadas neste livro.

Avalie seus Candidatos com Sabedoria

O principal conselho de Provérbios sobre a seleção de pessoal é direto: sofistique o processo. Não menospreze sua importância. Não invista pouco nele. E não o faça de maneira informal. Na prática, e colocado na forma de um provérbio administrativo, um processo de recrutamento de pessoal qualificado é aquele a partir do qual avaliamos duas vezes e contratamos uma.

A primeira destas avaliações acarreta no exame – rigoroso, naturalmente – do essencial: conhecimento, habilidades, histórico e outros critérios tradicionais. A segunda medida, a avaliação do caráter do candidato, é freqüentemente ignorada, mas é igualmente importante. Quando avaliamos estas duas áreas, é mais provável que façamos uma contratação de sucesso, uma contratação produtiva e confiável.

Lembre-se, o caráter de um candidato é tão importante quanto as suas credenciais. De fato, o Livro de Provérbios vai tão longe que sugere que o caráter seja usado como um teste crucial no processo de contratação. Isto é porque, quando o trabalho precisa ser feito, grandes credenciais e uma personalidade esfuziante podem ser minadas por coisas como a desonestidade, uma ética não muito clara de trabalho ou uma atitude de indisciplina.

Embora restrições orçamentárias e de tempo possam fazer dessas avaliações algo trabalhoso ou caro, institucionalizar avaliações de caráter no processo de seleção de pessoal é um dos investimentos de recursos humanos mais estratégicos que existem. É um passo fundamental na contratação e, em última instância, na construção de uma mão-de-obra competitiva.

Sexto Princípio

Ofereça aos Candidatos uma Visão Realista do Trabalho

O que você acha disto como um trabalho ideal? Sol, surfe, tênis, golfe, mergulho, comida deliciosa sem ter de pagar, e você pode se entrosar com pessoas despreocupadas dia após dia. Você tem direito a seguro de saúde, toda a cobertura para suas despesas de sobrevivência e, ao término do mês, você até tem alguma grana depositada na sua conta bancária.

Estes são alguns dos muitos benefícios de se trabalhar para o Club Med. Parece o tipo de lugar onde as pessoas estariam batendo à porta para conseguir um emprego. E é isto que acontece há muito tempo. Há muitos anos, o Club Med tem tantos candidatos que aproximadamente um em vinte consegue uma oferta de emprego. Paradoxalmente, apesar do ambiente de trabalho e da competição pelo emprego, novas contratações do Club Med – um paraíso para hospedagem nas férias, com várias unidades ao redor do mundo – costumam fechar o ano com uma taxa de rotatividade de pessoal de até 50%!

Isto sai caro. Não só gera um enorme custo de substituição de funcionários, como também o êxodo de novos funcionários atrapalha as férias dos hóspedes. O desaparecimento de instrutores de windsurfe ou de profissionais de tênis no meio de semana é simplesmente inaceitável em um negócio que vive e morre da satisfação do cliente e da propaganda boca-a-boca.

Assim sendo, a administração fez algumas pesquisas sobre o problema da rotatividade de pessoal e identificou como o principal fator responsável as expectativas de trabalho irreais dos novos contratados. Muitas destas pessoas (a maioria das quais na faixa de vinte e poucos anos) tinham em mente ser pagas por férias perpétuas. Porém, esta miragem evaporou com o calor da ilha no momento que eles chegaram ao paradisíaco local de trabalho. Os expedientes no Club Med eram de 15 a 16 horas, e não importando o esgotamento da pessoa ou de seu humor, era esperado de um funcionário do Club Med que ele estivesse continuamente ligado e entusiasmado.

A interação com os mais variados tipos de hóspedes, ponto principal da entrevista, mostrou-se ser incessante e monótona. Comentários finais de funcionários que saíam resumiam as preocupações mais determinantes: "Tudo que conseguimos fazer é trabalhar e dormir"; "Meu cérebro ia se retardar aqui na Ilha de Gilligan"; "Quantas vezes você precisa dizer a um hóspede para fazer a inscrição para praticar mergulho antes de perder a paciência?" Para o novo contratado, a realidade chocante daquele emprego no Club Méd era que tudo parecia mais com trabalho do que com diversão![1]

Devido à existência de dimensões negativas em qualquer trabalho, os gerentes responsáveis pela seleção de pessoal confrontam a velha questão sobre quanto devem revelar aos candidatos sobre uma vaga disponível. Por exemplo, é prudente informar explicitamente a um possível futuro caixa de banco que ele ficará parado no mesmo lugar o dia inteiro, lidando freqüentemente com clientes impacientes, e tem grandes possibilidades de passar da hora com certa regularidade? Se apresentarmos estes fatos como sendo parte da política da empresa, não há um risco significativo de espantarmos os candidatos bons ou deixar uma brecha para que eles exijam mais dinheiro para compensar os aspectos árduos do trabalho?

Por outro lado, se não apresentamos uma visão realista do que o trabalho envolve, não estaremos permitindo que os candidatos façam suas próprias especulações e, possivelmente, um falso retrato do dia-a-dia na nossa empresa – algo que poderia gerar problemas que saem caro, como os experimentados pelo Club Med?

De uma perspectiva empresarial, há claramente vantagens e desvantagens em ambos os casos. E, como veremos, há uma riqueza de literatura empírica que detalha os prós e os contras. Porém, a sabedoria divina sobre o oferecimento de uma visão realista do trabalho data de muito tempo.

Um Provérbio sobre as Expectativas de Trabalho

O provérbio-chave sobre a apresentação de expectativas de trabalho para potenciais funcionários deixa claro que a honestidade deve imperar:

> *Os lábios mentirosos são abomináveis ao Senhor, mas os que agem fielmente são o seu prazer.*
>
> *Provérbios 12:22*

Este ensinamento comum sobre a honestidade é relativamente simples. Aqui encontramos uma verdade fundamental e bastante intuitiva: a honestidade é uma virtude elementar. Esta verdade transcende quase todo sistema de éticas, seja religioso ou filosófico. O que distingue a construção judeu-cristã desta doutrina, entretanto, é a percepção sobre a veemência de Deus quando se trata de honestidade. Não nos é dito que sejamos honestos porque a mentira pode prejudicar outros. E não devemos ser honestos porque é algo correto. O ensinamento é muito mais forte: devemos ser honestos porque, quando não somos, o Senhor se desagrada bastante. Nossa desonestidade é detestável para ele, como o versículo 22 sugere na *Nova Tradução na Linguagem de Hoje*.

Este não é um ponto de menor importância. A Bíblia não trata de forma banal a idéia de que Deus possa detestar algo. De fato, a expressão "uma abominação para Deus" é reservada para as ofensas mais notórias; por exemplo, ídolos de adoração (Dt 7:25,26); orgulho e altivez (Pv 6:16,17); assassinato do inocente (Pv 6:17); ânsia de fazer o mal (Pv 6:18); criação de conflito entre crentes (Pv 6:19); a prática do homossexualismo (Lv 18:22); usar roupas do sexo oposto, como um travesti (Dt 22:5); ou a prostituição (Dt 23:18).

E a desonestidade. Durante muitas gerações, algumas pessoas em Israel pensavam que a desonestidade não era exatamente um problemão. Então, os mensageiros inspirados por Deus, como Salomão e Zacarias (Zc 8:16,17) enfatizaram que é realmente um grande problema, introduzindo este pecado na lista das coisas que Deus odeia. Milhares de anos depois, assim como os israelitas faziam nos tempos de Salomão, vivemos em uma cultura que considera a desonestidade uma transgressão menos grave ("Afinal de contas, todo mundo faz isto!") e racionaliza completamente este pensamento ("Eles não estão me pagando o bastante; assim, por que não almoçar e colocar a conta no cartão de crédito da empresa?").

Mas o cristão é chamado a resistir a esta cultura. Como sempre, nosso desafio é olhar para nosso comportamento não através dos padrões da nossa sociedade moderna, não pelos olhos da nossa cultura empresarial e não pela perspectiva de nossos chefes. Temos de elevar o padrão de nosso comportamento, analisando nossas ações pelos critérios de Deus. A desonestidade e a mentira são completamente inaceitáveis para o Senhor. Elas nos separam dele.

Aplicando este ensinamento às nossas entrevistas, então, não só seria uma desonestidade explícita mentir sobre a natureza ou deveres de uma função que estamos tentando preencher, mas também seria impróprio permanecer calado sobre o lado ruim de uma tarefa. Estamos pedindo a um candidato que deixe o emprego atual para começar a trabalhar para nós, ou convidando uma pessoa desempregada a deixar outras oportunidades para assinar contrato conosco. Além disso, através do que dizemos e do que não dizemos para um candidato, estabelecemos expectativas para o trabalho e influenciamos sua satisfação no futuro.

Estas coisas não são inofensivas. A má-fé ou a negligência no momento de deixar claras as dimensões negativas de um cargo é uma forma de defraudação. As Escrituras Sagradas convidam-nos a olhar esta prática perniciosa pelo que ela é, ver como Deus faz e ser sinceros com os candidatos ao emprego.

Pesquisas sobre uma Expectativa Realista do Trabalho (ERT)

Durante décadas, pesquisadores em administração empresarial fizeram elogios ao conceito de expectativa realista do trabalho, conhecido como ERT.[2] Como o termo sugere, tratra-se de comunicar de forma realista a um candidato informações tanto dos aspectos positivos quanto dos negativos de um trabalho. A teoria subjacente à ERT é que uma empresa pode minimizar os pedidos de demissão através do estímulo a que os candidatos potencialmente demissionários – aqueles que não se ajustariam com a empresa – manifestem esta tendência antecipadamente, excluindo-os do processo de contratação antes de que qualquer oferta seja feita.

Procedendo desta forma, a empresa pode reduzir seus custos de substituição de funcionários (por exemplo, processos de recrutamento, seleção, orientação, treinamento). Além disso, aqueles que formam expectativas mais realistas sobre um tipo de trabalho serão menos surpreendidos por suas facetas desagradáveis e tendem a ficar mais satisfeitos com o novo emprego, tornando-se mais produtivos do que se não tivessem recebido uma perscpectiva realista sobre o cargo.

Os resultados desta linha consagrada de pesquisa geralmente confirmam a teoria. De fato, a ERT diminui as expectativas iniciais sobre um trabalho e, por conseguinte, aumenta o período de permanência do funcionário na empresa. Isto é especialmente verdadeiro no caso de trabalhos mais complexos, onde seria menos provável que um candidato conseguisse criar expectativas a respeito de tudo aquilo que o cargo envolve. A economia de custo varia na proporção inversa da gravidade do problema da rotatividade de pessoal de uma empresa. Para ser mais preciso, as melhores estimativas são de uma economia de 12% na substituição de funcionários para uma empresa com uma taxa de 50% de rotatividade de pessoal, e de 6% de economia para uma empresa com uma taxa de rotatividade de pessoal de 80%. Os efeitos da produtividade permanecem ainda uma pergunta em aberto, com pesquisas mais cautelosas que só falam em lucros de produtividade a partir da aplicação da ERT durante o primeiro ano de trabalho de um novo funcionário.

À luz dessas conclusões empíricas, seria sempre uma boa idéia, dentro de uma perspectiva empresarial, oferecer aos candidatos uma expectativa real do trabalho? Será que sempre vale a pena ser honesto e franco com os futuros funcionários? A literatura de administração apregoa que não. Quando a quantidade de candidatos é pequena ou não há muitos indivíduos qualificados, fornecer informações negativas sobre um trabalho pode, de fato, conduzir a uma sistuação em que a vaga não é preenchida – geralmente, uma conseqüência pior do que vê-la preenchida por um novo funcionário insatisfeito que eventualmente pedirá demissão. Do mesmo modo, a recomendação de estudiosos de administração de grandes corporações seria só usar a ERT quando houvesse uma grande quantidade de pessoas completamente qualificadas, entre as quais se deve escolher.

Aqui está a tensão com a Escritura, é óbvio. Não há nenhuma advertência mais clara como esta: "Os lábios mentirosos são abomináveis ao SENHOR, mas os que agem fielmente são o seu prazer" (Pv 12:22). Não há margem para dúvida. Além disso, Provérbios fala sobre este mesmo tipo de trapaça em relação ao lucro, em 21:6: "Trabalhar por adquirir tesouro com língua falsa é vaidade e laço mortal." Parece, então, que, independentemente das razões para a maximização de lucros, a Bíblia nos pede que usemos a ERT – sermos honestos com candidatos – indiferentemente da quantidade ou da qualidade.

Ao reconhecer a tarefa implícita de se oferecer uma expectativa realista do trabalho, seguem aqui algumas sugestões da pesquisa sobre a projeção e a implementação de tal sistema.

Opções para a Projeção de um Sistema de ERT

É importante reconhecer, logo de início, que não há nenhum jeito certo para se fazer isto. Sem dúvida, uma maneira mais adequada para se pensar no desenvolvimento de um sistema de ERT é antevê-lo fornecendo várias possibilidades que devem complementar os procedimentos de seleção de pessoal de uma organização. A empresa precisa fazer escolhas em, pelo menos, quatro áreas principais.[3]

Primeiro, deve-se decidir *se a informação apresentada ao candidato será eminentemente* descritiva *ou* opinativa. A abordagem *descritiva* simplesmente oferece informações objetivas sobre o trabalho: tempo para promoção, horário de expediente, probabilidade de aumento de salário etc. Permite que o próprio candidato faça o discernimento entre o que há de bom e ruim num trabalho. Em contraste, a abordagem *opinativa* concentra-se no que os funcionários da empresa acham mais ou menos satisfatório. Esta opção envolve a coleta de dados entre os funcionários sobre como eles se sentem em relação ao trabalho (por exemplo, eles se incomodam com a demora nos processos de promoção) e a apresentação destas conclusões aos candidatos.

Isto tende a ser muito útil no caso de candidatos mais jovens, mais ingênuos, impossibilitados de tirar conclusões formais sobre o trabalho a partir de informações descritivas. É claro que as abordagens descritiva e opinativa não são mutuamente excludentes, mas as limitações de tempo ou custo geralmente nos compelem a escolher uma das duas.

Uma segunda decisão envolve a *extensão da informação apresentada ao candidato.* O responsável pela contratação na empresa pode tentar cobrir extensivamente as qualidades positivas e negativas inerentes a um cargo ou, em vez disso, escolher enfatizar os elementos mais importantes, essas *satisfações* e *insatisfações.* Na prática, a escolha é entre largura e profundidade, e cada uma tem vantagens evidentes. Para que o processo de auto-seleção tenha um melhor efeito, entretanto, muitas empresas elegem a segunda opção posterior; deste modo, a informação mais crucial sobre o trabalho não se perde no mar de fatos aos quais o candidato é exposto, no caso da primeira opção.

Uma terceira decisão é *a seleção de uma média para a ERT.* A maioria das empresas usa um panfleto ou um vídeo para informar as satisfações e insatisfações no seu ambiente de trabalho. Usar o panfleto sai mais barato, é mais fácil de fazer modificações quando as tarefas ou os cargos mudam e podem ser relidas pelos candidatos. Com um vídeo (mostrado como parte da entrevista), a pessoa pode estar mais certa de que o candidato de fato criou uma expectativa realista do trabalho.

Nos poucos testes comparativos que existem, os investigadores concluíram que o vídeo tende a produzir resultados moderadamente superiores aos panfletos, especialmente se o vídeo apresenta funcionários reais que descrevem o trabalho nas suas próprias palavras. Também é possível, naturalmente, oferecer uma ERT pessoalmente, durante uma entrevista. E, de fato, há algumas evidências práticas que indicam que a ERT fornecida pessoalmente pode ser superior aos formatos escrito e em vídeo, desde que os candidatos percebam um clima de honestidade empresarial que flui das colocações do entrevistador.[4]

Uma quarta decisão é a respeito do *momento adequado, dentro do processo de seleção, para oferecer uma expectativa realista do trabalho.* Fazer isto no fim tem a vantagem de ser mais barato, pois menos candidatos permanecem. Porém, uma desvantagem importante de se dar uma ERT tardiamente deve ser levada em consideração: um candidato pode construir um compromisso artificial com uma empresa, se sobrepujar os primeiros obstáculos que aparecerem. Oferecer uma ERT nesta fase tardia do processo pode ser, então, menos eficaz, pois um potencial desajuste do candidato com a empresa pode deixar de ser detectado ainda no processo de seleção e recrutamento.

Evitando a Trapaça e a Desonestidade

As tentações da trapaça e da desonestidade são tão poderosas e tão freqüentes quanto quaisquer outras, no local de trabalho. Podemos, de forma enganosa, avançar nos nossos objetivos empresariais, através da venda exagerada da qualidade dos nossos produtos ou serviços, através da negligência em revelar custos escondidos aos clientes, cometendo deslizes em relação à contabilidade, trapaceando nos detalhes de um prospecto para melhor elevar o capital, enganando a Receita Federal – a lista é infinita. Algo que raramente pensamos, mas que seguramente reside neste inventário de práticas enganosas, é negligenciar a importância de ser franco com candidatos sobre aquilo em que eles estão se envolvendo.

Como visto, uma expectativa realista de trabalho é uma ferramenta de administração que, em alguns casos, agregam valor, dentro de uma perspectiva mais profunda. Porém, os que administram baseando-se em Cristo não deveriam praticar a ERT somente por um benefício empresarial positivo. Deus deve predominar, e a Bíblia é a nossa bússola perfeita. Viver com honestidade e integridade é o que as Escrituras Sagradas nos propõem.

Assim sendo, nessas instâncias onde provavelmente teremos algum custo com pequeno retorno, pelo fato de querermos ser completamente honestos com os candidatos a emprego, não devemos permitir que esta perspectiva de gasto obscureça a virtude inerente desta política: Deus se deleita na honestidade das pessoas.

Sétimo Princípio

Selecione Criteriosamente sua Equipe Administrativa

"Caros cidadãos. Eu assinei um decreto para dispensar o governo. [O primeiro-ministro] Victor Stepanovich Chernomyrdin também está sendo despedido. Nunca é fácil de se separar de velhos colegas. Trabalhamos juntos por mais de cinco anos."

Em 23 de março de 1998, o Presidente Boris Yeltsin apareceu na televisão russa para anunciar a demissão de todo o seu gabinete. Ele explicou a mudança radical deste modo:

> *A atual equipe de gabinete cumpriu uma série de tarefas que enfrentou, mas, infelizmente, não pôde enfrentar várias questões fundamentais. Sim, nós alcançamos certas mudanças na economia, mas ainda estamos ficando muito atrás na esfera social. As pessoas não sentem as mudanças para o melhor... Em resumo, o país precisa de uma nova equipe, capaz de alcançar resultados reais e discerníveis. Acho que os membros do gabinete devem se concentrar mais em resolver assuntos econômicos e sociais e se envolver menos com a política... Conto muito com seu apoio e sua compreensão, queridos russos. No futuro próximo, nosso país terá um novo governo civil. Obrigado por sua atenção."*[1]

Yeltsin justificou o movimento como uma tentativa de ter sangue novo e idéias frescas onde a letargia e a política já prevaleciam há muito tempo. As reformas econômicas e sociais estavam estagnadas, e só garantiam ações paliativas e radicais, segundo o presidente. Logo depois disso, por razões que não estavam completamente claras, Yeltsin cedeu e decidiu manter a maioria dos membros do gabinete. Mas, ao fazer isso, ele deixou claras suas expectativas em relação àqueles que estavam colocados nas mais altas posições governamentais. "Temos de criar um ambiente no qual todo mundo saiba e sinta que um fracasso no cumprimento de ordens significaria a morte", Yeltsin declarou, com uma expressão de descontentamento na face. "Vocês terão de entregar suas renúncias imediatamente."[2]

Até hoje, as razões para o abalo que atingiu a cúpula do governo russo em 1998 permanecem obscuras. Mas independentemente do verdadeiro motivo para esta sucessão estranha de eventos, a motivação declarada de Yeltsin – a de *limpar a casa* –, assim como sua ameaça posterior, deveria manter sua ressonância para a maioria daqueles que ocupam as posições mais altas de uma empresa. Se alguém está encabeçando uma grande organização, um pequeno negócio, uma igreja ou uma superpotência, a implementação adequada da visão desta pessoa requer o apoio da visão do alto escalão da empresa. Discrepâncias significativas em agendas de trabalho e filosofias nos altos escalões de qualquer empresa podem conduzir a uma luta pelo poder, sufocar a sinergia entre as unidades, atrasar as reações para as mudanças de mercado e as exigências dos clientes e, em última instância, comprometer a eficácia empresarial. Assim, a implicação de tudo isso no que diz respeito ao recrutamento é: *a empresa deve ser altamente criteriosa ao selecionar o seu círculo interno de gestores.*

Além disso, há uma razão pessoal para os cristãos que conduzem empresas se cercarem de uma equipe que tenha este mesmo tipo de pensamento: as pessoas ao nosso redor freqüentemente moldam nossas atitudes e nossos comportamentos. Com o passar do tempo, se a visão desses que estão perto de nós nitidamente contrasta com a nossa, estas pessoas não só podem falhar em implementar a nossa visão, como podem começar a efetivamente *alterá-la.* Quer dizer, elas podem mudar nossa concepção da missão empresarial e do papel do seu líder. Elas podem, sutilmente, até mesmo sem querer, guiar-nos para um tipo de pensamento empresarial laico. Tal transformação seria especialmente problemática para um cristão cujo intento original é o de conduzir a sua empresa para a glória de Deus (Primeiro princípio).

Mesmo que o diretor executivo seja capaz de ignorar ou dissuadir os gerentes experientes que ameaçam alterar a visão empresarial, ele provavelmente gastará muito tempo e energia mental para esclarecer e vetar as sugestões deles. Ele pode sentir-se frustrado e cansado, ao enfrentar seus oponentes em várias conjunturas. Embora não queira estar cercado de homens que sempre digam "sim, senhor", o líder precisa ter, na cúpula da empresa, gerentes que tenham uma visão e um sistema de valores semelhantes.

Deste modo, por razões pessoais e de desempenho empresarial, o líder cristão deve ser cauteloso com quem se associa. Curiosamente, este princípio fundamental de associação também flui do Livro de Provérbios.

PROVÉRBIOS SOBRE A ESCOLHA SÁBIA DE ASSISTENTES

Provérbios oferece vários conselhos sobre as conseqüências positivas e negativas de uma associação. Entre os mais específicos a respeito deste assunto, temos:

> *Quem anda com os sábios será sábio, mas o companheiro dos insensatos se tornará mau.*
>
> *PROVÉRBIOS 13:20*

Muitos experimentaram a verdade deste provérbio diretamente. Qualquer um que gastou um tempo considerável convivendo de perto com pessoas tementes a Deus e cheias de discernimento possivelmente não demorou a pensar e falar como elas, adotando suas habilidades de pensamento crítico, assimilando seus argumentos e abraçando a sua visão de mundo. Os atributos do sábio podem se tornar, até certo ponto, também os nossos atributos, a partir da exposição prolongada a eles.

Semelhantemente, como indicado pela segunda metade do provérbio, este princípio de metamorfose gradual pode trabalhar contra nós quando escolhemos amigos de forma desatenta. A associação com "insensatos", nos é dito, conduz ao prejuízo.

Contudo, a conseqüência adversa aqui não é tão suave quanto a tradução a faz parecer. Recorde-se do capítulo introdutório deste livro: o "insensato" em Provérbios não é apenas aquele que é tolo, mas aquele que não respeita Deus e que é moralmente suspeito. Sob esta luz, Provérbios 13:20 alerta-nos para o risco muito sério inerente à íntima associação com esses que rejeitaram a estrada estreita de Deus em favor da rodovia expressa do mundo: estas pessoas nos incentivam a apostar corrida com elas.

E conforme penetramos no Livro de Provérbios, nos damos conta de que a advertência não está isolada. Deus nos adverte repetidamente sobre o perigo de nos afastarmos dele, ao sermos *puxados* por aqueles que não confiam no Senhor (por exemplo, Pv 10:17; 12:26 e 14:7). Para que isso tudo não fique muito vago, o capítulo 22 nos oferece um exemplo específico de uma característica de caráter que pode ser contagiosa:

> *Não te associes com o iracundo, nem andes com o homem colérico, para que não aprendas as suas veredas e, assim, enlaces a tua alma.*
>
> *PROVÉRBIOS 22:24,25*

Não há nenhuma abstração aqui. O provérbio fala claramente sobre outra experiência comum, e que é particularmente pertinente ao local de trabalho, onde reclamações, fofocas, vinganças e hostilidade declarada tão freqüentemente prosperam. Quem nunca trabalhou com uma pessoa que se ajusta à descrição do versículo 24? E quem, entre nós, ao ter trabalhado com tal pessoa, não asssimilou seus modos e começou a agir, pelo menos um pouco, como ela? Podemos ser infectados, reclamando e fazendo fofocas junto com esta pessoa, reagindo de forma vingativa como ela, em lugar de fazer como Cristo faria. A relação causal entre associar-se com alguém que se enfurece com facilidade e tornar-se uma pessoa igual é direta e perigosa. Assim, o cristão deve estar sempre alerta.

A mensagem consistente encontrada em todos esses versículos é a seguinte: em função da tendência que temos de nos tornar iguais a esses que nos cercam, "o justo serve de guia para o seu companheiro" (Pv 12:26a). O tema também é encontrado no Novo Testamento, quando Paulo fala aos coríntios que a tolice pode gerar mais tolice ("As más conversações corrompem os bons costumes", de acordo com 1 Coríntios 15:33), e diz aos colossenses que a sabedoria pode procriar sabedoria ("Instruí-vos e aconselhai-vos mutuamente em toda a sabedoria", segundo Colossenses 3:16). Portanto, cristãos em posições de liderança, diretores, executivos ou novos empresários, pastores ou políticos estarão melhor servidos se atenderem ao conselho bíblico para ativamente usar o discernimento na hora de selecionar seus assistentes mais próximos.

PREENCHIMENTO DE ALTOS CARGOS NA AMERICAN GREETINGS

Dois problemas parecem fluir deste princípio de escolha de pessoal. Primeiro: o princípio exige que, para estar na alta administração, a pessoa deve ir à "igreja certa"? Dificilmente. Na realidade, além de violar as leis antidiscriminatórias, uma política de promoção e contratação do tipo "somente cristãos" não é um ensinamento bíblico. Em vez disto, a solução que se harmoniza com Deus e com as leis dos homens – e faz sentido no meio empresarial – é usar o seguinte critério: preencha os altos cargos com pessoas que abracem completamente a ética e os princípios operacionais da empresa. Eles não precisam ser cristãos, mas eles devem ter um compromisso firme com a visão da empresa e com a sua direção estratégica. Usando este padrão, não comprometemos nossos princípios.

Isto nos conduz ao segundo problema: a implementação. Como identificamos os indivíduos que se ajustam a este molde ético e têm as habilidades e o conhecimento necessários para serem bem-sucedidos como executivos? E como fazer isto de forma eficaz? O sistema usado pela empresa American Greetings Corporation, fabricante de cartões de saudação sediada em Cleveland, nos Estados Unidos, fornece um exemplo útil sobre como preencher de maneira eficaz os altos cargos com indivíduos leais e eficientes.[3]

Quando altos cargos da American Greetings ficam desocupados, não há nenhuma crise, nenhuma procura prolongada, e pouca produtividade é perdida. Além disso, a procura culmina tipicamente na seleção de um gestor bastante competente, que entende as complexidades da empresa que comanda, possui as habilidades requeridas para ter sucesso no cargo e que será funcionário da empresa por um longo período. Isto acontece porque o novo gerente é produto de um processo interno que gera um grande celeiro interno de talentos.

Um grupo de quatro pessoas – o diretor executivo, o presidente, o vice-presidente de Recursos Humanos e o diretor de Desenvolvimento – compõe o que a American Greetings chama seu "Comitê Executivo de Desenvolvimento". O grupo é encarregado de identificar os candidatos da casa que possuem alto potencial para os três níveis de administração mais altos da empresa (aproximadamente 125 vice-presidentes seniores, vice-presidentes e diretores executivos). Quando os membros do Comitê Executivo de Desenvolvimento apontam os candidatos com grande potencial de liderança, pesquisa as competências de cada candidato e as compara com os atributos necessários para os altos cargos. Através desta comparação, o comitê identifica *brechas* de competência de cada candidato e, em seguida, procura preencher estes espaços, dando ao funcionário "tarefas de desenvolvimento", cujo objetivo é justamente o de preencher aquelas *brechas*. Depois de concluir estas tarefas, o gerente apresenta os resultados do candidato ao Comitê Executivo de Desenvolvimento, permitindo, assim, que o potencial do gerente seja avaliado com mais profundidade.

Este sistema lógico – e até um pouco mecânico – de desenvolvimento profissional tanto melhora o desempenho do indivíduo na função que ocupa quanto municia a American Greeting de um grande grupo de sucessores potenciais para cada posição na cúpula da administração que fica desocupada. A abordagem, por oferecer tanta flexibilidade na escolha de pessoal, permanece, deste modo, muito superior às práticas mais comuns de se manter uma lista de sucessores potenciais para cada posição, ou a escolha de pessoal para preencher os altos cargos de uma só maneira específica.

Além disso, o sistema provê ao comitê uma quantidade significativa de informações sobre o aspirante ao cargo, como seu caráter, seus valores e disposição de agir de acordo com a visão da empresa – coisas intangíveis e geralmente difíceis de se avaliar em um candidato externo. Por último, e talvez mais importante, o candidato interno que foi trabalhado desta maneira familiarizou-se e foi inculcado com a visão da empresa, a qual se espera que o aspirante implemente, caso ocupe o cargo.

Há aqui um paralelo interessante. Embora nem o evangelho nem o cristianismo sejam catalisadores do processo de desenvolvimento de pessoal na American Greetings, os sistemas de recrutamento e treinamento internos são semelhantes à abordagem que o próprio Senhor Jesus Cristo usou com seu grupo de apóstolos. Cada um foi meticulosamente treinado na visão do Mestre, cada um teve brechas de competência preenchidas através das tais "tarefas de desenvolvimento" – como, por exemplo, serem enviados para evangelizar –, e cada um obteve sucesso depois da ascensão do Senhor. Um paralelo adicional está na "promoção" de Pedro ao *status* de "pedra". Em essência, Cristo moldou um "celeiro de talentos" e dele emergiu um homem que, por ter a mesma visão de seu Líder, teve sua posição elevada.

Quanto aos outros, em última análise, eles também (com só uma exceção, que o próprio Jesus previu) se superaram nos seus papéis devido ao treinamento e à exposição à presença do Senhor. O que nos traz de volta a Provérbios 13:20. Os apóstolos tornaram-se sábios porque eles caminharam com o Senhor, a própria síntese da sabedoria. E assim fazendo, ficaram mais competentes para levar a missão do seu *diretor executivo* adiante. Este sistema pode ser operacionalizado em muitas empresas hoje, mas, de fato, há 2.000 anos a sucessão planejada foi testemunhada em sua melhor forma de aplicação.

Seja Criterioso ao Selecionar Gerentes

Todo líder deve selecionar seu grupo de administração cuidadosamente. Na verdade, seja criterioso ao selecionar sua equipe administrativa. A palavra "discriminação" assumiu uma conotação ofensiva no local de trabalho, mas, na realidade, isto é justamente o que o líder cristão é chamado a fazer ao montar a sua equipe de administração. Somos alertados, através das Escrituras Sagradas, para sermos altamente seletivos e filtrar aqueles cuja visão é incompatível com os nossos valores e a direção que nós estabelecemos para a nossa empresa.

Como dito anteriormente, isto não significa necessariamente que só se deva promover cristãos para determinados cargos (na realidade, fora de organizações religiosas, esta prática seria ilegal). Tampouco isto necessariamente significa que a pessoa precise demitir sumariamente a equipe atual, num esforço de revitalizar a empresa.

No entanto, esta necessidade de ser criterioso implicaria em, pelo menos, duas coisas. Primeiro, *a preparação de pessoal para preencher esses cargos deve constituir uma prioridade.* Isto leva tempo e custa dinheiro. Mas é, seguramente, um investimento que vale a pena. Segundo, quando chega o momento de fazer uma seleção, *devemos resistir a qualquer impulso para preencher estas posições somente através de credenciais tangíveis, como educação e experiência.* Além destes atributos, são as qualidades de sabedoria intangíveis da pessoa, de acordo com Provérbios, que verdadeiramente a qualificam a administrar junto ao líder cristão.

Oitavo Princípio

Invista em Treinamento

Na noite de 30 de agosto de 1980, os guardas Burbine e Stawecki, do Departamento de Polícia de Farmington (New Hampshire, Estados Unidos), estavam fazendo uma patrulha de rotina para monitorar a estrada chamada Rota 11. Burbine, um policial experiente, foi nomeado para dar treinamento no local real de trabalho a seu parceiro, que tinha se juntado à força policial apenas duas semanas antes. Até o dia de cumprir sua tarefa com Burbine, Stawecki não tinha recebido nenhuma instrução formal sobre o trabalho na polícia.

A dupla percebeu que um caminhão vagava pelo centro da pista e deciciu segui-lo pela estrada até o estacionamento do restaurante Luneau. Ao se aproximarem do veículo, o motorista, Carroll Cutter, saiu da cabine, e Stawecki lhe disse que pusesse suas mãos no caminhão. Carroll resistiu e exigiu que lhe fosse dito o que ele tinha feito primeiro. Enquanto Stawecki repetia a ordem, Carroll tentou pegar algo no bolso das suas calças. Stawecki agarrou imediatamente a mão de Carroll e o empurrou para o chão. O oficial novato ficou então em cima de Carroll e o algemou, enquanto Burbine olhava e, vez por outra, o ajudava.

A caminho da delegacia de polícia, Carroll disse pelo menos duas vezes aos oficiais que as algemas estavam muito apertadas. Porém, em parte porque Carroll estava chutando e gritando muito, seu pedido para afrouxar as algemas foi ignorado.

Esta sucessão de eventos resultou num processo, no qual Carroll apresentou provas de que a pressão da algema tinha causado dano permanente ao nervo radial de seu pulso esquerdo, tornando-o, assim, um inválido para o seu tipo de trabalho como transportador de toras de madeira e caminhoneiro. Aparentemente, o policial Stawecki tinha falhado em fechar corretamente a fechadura dupla das algemas, fazendo com que elas continuassem apertando desde o momento em que foram colocadas, no estacionamento do restaurante, até o momento de sua remoção, na delegacia de polícia. Baseado nesta evidência, o corpo de jurados julgou o empregador de Stawecki – ou seja, a didade de Farmington – culpado de algo chamado "treinamento negligente", então uma nova causa de ações. Concluindo que o funcionário não tomara os devidos cuidados na preparação de Stawecki para o dever, eles concederam a Carroll 55 mil dólares pelos danos. A cidade perdeu todas as apelações para o Tribunal Supremo de New Hampshire.[1]

Num número cada vez maior de jurisdições, os empregadores têm sido judicialmente responsabilizados por falhas no treinamento de seus funcionários. Isto acontece, em parte, porque os juízes e jurados percebem uma conexão entre o treinamento de funcionários e alguns resultados, tais como segurança, competência e qualidade, e então concluem que os empregadores deveriam estar investindo em tal treinamento.

Muitas pessoas envolvidas em administração também percebem essas conexões, o que é comprovado pelo fato de inúmeras empresas de todos os portes investirem bilhões anualmente em treinamento de funcionários. Porém, o investimento não é feito somente para tirar do empregador a responsabilidade legal, mas porque acredita que seja um bom negócio. Anteriormente visto como supérfluo, o treinamento de funcionários é agora considerado por muitos uma fonte de vantagem competitiva.

Isto é especialmente verdade levando-se em conta os sistemas de trabalho do século XXI, que se baseiam principalmente em habilidade, flexibilidade e iniciativa do funcionário. Os que estão nas linhas de frente da produção ou dos serviços devem, cada vez mais, identificar e solucionar problemas, efetuar mudanças nos métodos de trabalho e ser responsáveis pela qualidade.

Não é nenhuma surpresa, então, que haja talvez mais informações disponíveis sobre treinamento de funcionários do que em qualquer outra função da administração de funcionários. De fato, muitas das idéias podem, à primeira vista, ser pensadas como uma tendência atual, especialmente quando se vê expressões como "administração de conhecimento", "capital intelectual" e "empresas de aprendizado". Mas, de acordo com os especialistas em administração, o movimento provavelmente veio para ficar. Aproximadamente um quinto das 500 empresas citadas pela *Fortune* criaram o cargo de "gerente de conhecimento" (ou algum título comparável), que geralmente reporta-se diretamente ao diretor executivo.[2]

UM PROVÉRBIO SOBRE TREINAMENTO DE FUNCIONÁRIOS

Nosso supremo Diretor Executivo (Jesus) pode ter uma preocupação semelhante em relação ao treinamento de funcionários, como expressou através de seu próprio "gerente de conhecimento" no Livro de Provérbios. A Bíblia aconselha-nos sobre a importância de priorizar realmente o que deve vir em primeiro lugar. Especialmente digno de nota é o seguinte provérbio:

> *Cuida dos teus negócios lá fora, apronta a lavoura no campo e, depois, edifica a tua casa.*
>
> *PROVÉRBIOS 24:27*

Devido ao fato de Israel ter sido uma sociedade eminentemente agrícola, muitos provérbios mostram imagens rurais. Pela mesma razão, Cristo usou o cenário agrícola para muitas de suas parábolas, inclusive a dos trabalhadores na vinha (Mt 20:1-16); o semeador e os tipos de solo (Mt 13:1-23; Mc 4:1-20; Lc 8:1-15); e o filho pródigo (Lc 15:11-32). A agricultura era a base referencial da comunidade, e usá-la como uma tela de fundo era uma maneira poderosa para ensinar as verdades eternas.

No entanto, uma pessoa não precisa ser um fazendeiro para entender Provérbios 24:27. De uma perspectiva literal, se uma pessoa que comprou terras cultiva o campo antes de construir a casa, então as colheitas estarão crescendo enquanto a pessoa estará comprometida com outro projeto. É mais eficiente operar deste modo. É estratégico. Além disso, o resultado é uma casa de alta qualidade, pois, ao amadurecem os alimentos, seu rendimento ajuda a comprar mais e melhores materiais de construção.

AS PRIMEIRAS COISAS EM PRIMEIRO LUGAR

O provérbio também sugere que o princípio segundo o qual as primeiras coisas devem ser feitas antes das demais é aplicável, de maneira geral, a qualquer empreendimento humano. A frase "edifica a tua casa" é freqüentemente usada como uma metáfora bíblica para empreender um importante esforço. No Evangelho de Mateus, por exemplo, Cristo nos ensina a ser sábios e a construir nossa casa espiritual sobre a Rocha, que é ele mesmo (Mt 7:24-27). Semelhante uso desta frase vem do autor de Hebreus, que compara Jesus a um construtor, quando ele escreve que o Senhor é melhor do que Moisés, pois "maior honra do que a casa tem aquele que a estabeleceu" (3:3). Há muitos outros exemplos deste tipo (por exemplo, Sl 127:1; Pv 24:3,4).

Em Provérbios 24:27, o aconselhamento de Deus é que, antes de começarmos qualquer empreendimento significativo, devemos estabelecer uma sólida base para o seu sucesso. Este ensinamento tem milhares de aplicações. Por exemplo, na evangelização, é aconselhável aprender o que está nas Escrituras Sagradas antes de tentar comunicar o que a Palavra de Deus diz. Ao criar filhos, a própria casa espiritual dos pais deve estar em ordem antes que eles possam servir de modelo para seus descendentes. Igualmente, em qualquer tentativa de administrar dentro de uma perspectiva bíblica, um líder empresarial deve começar adotando um conjunto apropriado de atitudes (inclusive as quatro atitudes da Primeira Parte). As primeiras coisas em primeiro lugar.

Considerando-se especificamente o recrutamento de pessoal, pode-se interpretar o provérbio como um aconselhamento, no sentido de que um novo contratado é como um *campo* adquirido há pouco tempo, e o trabalho para o qual esta pessoa foi contratada é a *casa* a ser construída. Assim, o primeiro passo seria cultivar o campo: treinar o novo contratado.

Mas isto não é tão simples quanto parece para ser posto em prática. Ao contratar um funcionário, o gerente pode estar ansioso para ter a *casa* construída imediatamente – para inserir o novo contratado nas tarefas a serem executadas – para que se recupere o salário e os benefícios investidos nesta pessoa. Em outras palavras, está-se tentando negligenciar o cultivo do *campo*, ou seja, impedindo que o funcionário cresça por conta própria. Além disso, devemos lembrar que o campo já tem algumas plantações. Caso contrário, nós não o teríamos comprado.

UM INVESTIMENTO PRELIMINAR EM TREINAMENTO

Provérbios sugere que este tipo de pensamento pode ser ousado. Em lugar de esperar que os novos funcionários frutifiquem imediatamente, é geralmente melhor pegar o caminho estratégico de investir tempo e dinheiro no seu pessoal. Há realmente alguns custos, num primeiro momento, mas os resultados a longo prazo podem ser muito maiores.

Além disso, a lógica desta argumentação encorajaria a continuação deste investimento em treinamento após a fase da contratação. Considerando-se que a *construção da casa*, num contexto empresarial, seja um processo contínuo, então também deveria ser igual a preparação dos campos. Da mesma maneira que os fazendeiros cultivam regularmente, assim também o gestor de pessoal deve desenvolver as carreiras dos funcionários (como posteriormente descrito no Décimo Segundo Princípio).

Ponha o que deve vir em primeiro lugar realmente em primeiro lugar, nos aconselha a sabedoria de Deus. Tanto para novos contratados quanto para funcionários veteranos, faça do investimento em treinamento um procedimento operacional padrão.

CUSTOS E RETORNO DO INVESTIMENTO

Durante décadas, a comunidade acadêmica examinou minuciosamente as questões de treinamento de funcionários. Pesquisadores da área deram grandes passos ao identificar, empiricamente, alguns dos elementos de programas de treinamento efetivos. Aparentemente, os quatro mais citados são: (1) um desejo da cúpula das empresas de fazer do treinamento parte da cultura corporativa; (2) uma estrita conexão entre os objetivos do treinamento e a estratégia da empresa; (3) uma abordagem sistemática do treinamento que objetive todos os níveis, continuamente; e (4) um compromisso genuíno com o investimento dos recursos necessários no treinamento para que seja feito adequadamente.[3]

DIFICULDADES PARA MEDIR O ROI (RETORNO DO INVESTIMENTO)

Porém, uma pergunta crucial – e, para muitos, a mais importante – concentra-se numa preocupação antiga: *qual é o retorno do investimento?*

Seja planejando ou adquirindo programas de treinamento de funcionários, seja treinando na própria empresa ou fora dela, na própria função ou não, a decisão de treinar traz consigo um alto preço. Além dos custos diretos, há também um tempo empreendido, um possível rompimento no fluxo de trabalho e erros cometidos pelo funcionário ao tentar subir na curva de aprendizagem durante a real aplicação do treinamento. Já determinada a despesa, nada mais prudente do que inquirir sobre o retorno.

Infelizmente, uma das grandes ironias em pesquisa de administração é que a bolsa de estudos revela-se deficiente justamente onde mais se precisa de uma direção empírica. Esta é uma questão clássica:

é extremamente difícil medir com precisão a influência do treinamento em produtividade e os resultados de qualidade. Porque só uma pequena minoria de funcionários produz resultados mensuráveis. A maioria dos resultados dos treinamentos é completamente intangível ou inobservável. Além disso, até mesmo onde se pode medir a produtividade e a qualidade com um pouco de precisão, estas mudanças tendem a ser associadas com tantas variáveis que isolar o efeito do treinamento é, geralmente, impossível. Deste modo, as limitações da metodologia de pesquisa do ser humano impediram os acadêmicos de chegar a qualquer conclusão acertada sobre o retorno do investimento em treinamento (ROI).

Essas mesmas deficiências também bloquearam esforços empresariais para avaliar seus próprios programas de treinamento. A Motorola, por exemplo, entusiasticamente enaltecida pela sua inovadora Universidade Motorola, e por muito tempo citada como o padrão para o treinamento de funcionários, gasta uma enorme quantia no desenvolvimento de seus funcionários. Quando inquirida pelo retorno deste enorme investimento, entretanto, um funcionário do grupo de treinamento da Motorola diz que "a empresa notoriamente não tem condições de avaliar os 170 milhões de dólares investidos em treinamento".[4] Eles obviamente acreditam que há um retorno positivo, mas os problemas de mensuração e a despesa de avaliação permanecem obstáculos insuperáveis para os cálculos do ROI.

A Saturn Corporation está semelhantemente incapacitada de calcular o ROI. Em consonância com o modelo proverbial de cultivar os campos, recém-contratados pela Saturn recebem entre 300 e 600 horas de treinamento no seu primeiro ano, e pelo menos 92 horas por ano depois disso. É lógico que se espera que o treinamento resulte em lucros na linha de montagem. Entretanto, o retorno atual é, de fato, indeterminado.[5]

CREIA QUE O TREINAMENTO COMPENSARÁ

Isto parece indicar que o investimento das organizações no treinamento de funcionários é, de certa forma, feito às cegas. Dissociando-se o potencial do treinamento de quaisquer crenças infundadas ou fantasias, a maior parte do investimento que as empresas fazem baseia-se em nada além de uma convicção de que há uma conexão entre as pessoas e os resultados importantes do trabalho que elas executam. A despesa jaz numa fé não testada, mas intuitiva, de que o treinamento compensará.

Então, qual é o ROI para o treinamento de funcionários? Será que vale a pena, de uma perspectiva financeira, investir na sua equipe? A resposta, é claro, será em função do programa específico, das pessoas envolvidas e de outras variantes citadas anteriormente. Mas, de forma geral, a resposta desapontadora dos acadêmicos e da indústria é: "Realmente não sabemos."

CULTIVANDO SEU *CAMPO* DE FUNCIONÁRIOS

É em questões como essas – às quais as pesquisas empíricas não têm fornecido conclusões satisfatórias – que o valor da Palavra de Deus fulgura de maneira mais brilhante. O Livro de Provérbios oferece conselhos palpáveis em áreas nas quais as pesquisas feitas pelo ser humano e a análise não conseguem.

Neste caso em particular, Deus aconselha-nos a perseguir uma função de administração de funcionários que é fácil negligenciar. Indiferentemente do tamanho do grupo – do seu *campo*, na linguagem bíblica –, o cultivo deve ser a prioridade administrativa número 1. O treinamento deve preceder a *construção da casa* na hora de determinar o serviço a ser executado.

Para esta finalidade, os gestor cristãos devem considerar a possibilidade de recorrer aos pródigos recursos nesta área: *sites* da internet, jornais de comércio, revistas empresariais e assim por diante. O que não falta é informação específica da indústria sobre como implementar um treinamento de funcionários de uma maneira menos onerosa e que leve menos tempo. Aqui, então, o ensinamento central de Provérbios 24:27 aplica-se novamente: antes de se construir a *casa* do treinamento, cultive e colha o vasto *campo* de idéias disponíveis.

Parte 3

O Cultivo de uma Cultura de Compromisso

Nono Princípio

Construa um Clima de Confiança Institucional

Era uma vez uma companhia chamada Eastern Airlines. Ela sempre foi uma empresa confiável e tinha funcionários que trabalhavam duro. Porém, por fim, encontrou-se em débito – 2,5 bilhões de dólares, para ser exato. Assim, em 1983, o presidente da Eastern, Frank Borman, dirigiu-se a seus funcionários e a seu sindicato para pedir alguma ajuda. "A companhia está falindo", ele lhes disse. "Mas posso salvá-la, se vocês aceitarem um grande corte no salário." Os trabalhadores disseram "não". Eles se lembravam que, poucos anos antes, o mesmo Borman esforçou-se para congelar seus salários, e por isso eles não confiaram muito nele.

Então, o presidente ameaçou os trabalhadores: "Façam esta concessão ou eu *levarei* a Eastern à falência, e nenhum de vocês terá emprego!" Os trabalhadores consentiram. Eles realmente tiveram pouca escolha. Mas, em troca da concessão, os trabalhadores conseguiram passar a ser donos de 25% da companhia aérea.

Em 1986, os trabalhadores decidiram que ser donos de uma companhia que estava perdendo 2 milhões de dólares por dia não era uma idéia tão boa. Assim, exigiram todas as suas concessões de salário de volta. Agora era a vez de Borman dizer "não". Porém, ele concedeu *férias* permanentes para mil funcionários, e depois vendeu a empresa aérea para outro Frank, cujo último nome era Lorenzo.

Lorenzo e os sindicatos também não trabalharam bem juntos. Em 1988, quando ele também pediu desesperadamente por concessões no salário, 99% dos trabalhadores votaram contra a proposta. No ano seguinte, quando os trabalhadores fizeram exigências de contrato, Frank Lorenzo as rejeitou. Ele era irredutível, por isso os trabalhadores decidiram entrar em greve.

A greve durou aproximadamente dois anos. Lá pelo meio dela, os credores da Eastern entraram com uma ação para demitir Lorenzo e substituí-lo por um mandatário. Eles conseguiram, mas já era tarde demais para estancar o sangue. Alguns meses depois, os credores exigiram a liquidação da linha aérea, e, em janeiro de 1991, a Eastern Airlines foi extinta. E ninguém viveu feliz para sempre.[1]

A guerra civil da Eastern ilustra de forma clássica o potencial destrutivo da desconfiança na administração. Mas este é somente um de inúmeros exemplos. Conforme fomos orientados à globalização e os ambientes empresariais ficaram mais competitivos, as empresas se vêem sob pressão constante para fazer mudanças rápidas. Freqüentemente, estas mudanças incluem pedidos aos funcionários para que modifiquem suas condições de emprego: aceitar mais responsabilidades de trabalho, trabalhar mais horas, ser pago pelo seu desempenho, fazer um novo treinamento, trabalhar em equipes, e assim por diante. Talvez esta tendência explique por que a maioria dos funcionários agora percebam que seus empregadores romperam alguns pontos do contrato de trabalho.[2]

A "confiança institucional", definida em um jornal de administração como "a vontade de um funcionário e um empregador de ser vulneráveis um ao outro e correr riscos um pelo outro",[3] está se tornando rapidamente um fator crucial para o sucesso empresarial. A partir de uma perspectiva da alta administração, trata-se de um pré-requisito para a aceitação de iniciativas estratégicas por parte do funcionário, uma condição fundamental para a flexibilidade exigida de um ambiente empresarial dinâmico. Da perspectiva dos gerentes de escalões menores, encolher recursos e pessoal fazem a sinergia entre o chefe e o subordinado se tornar mais importante que nunca. No entanto, sem confiança, esta sinergia é limitada.

Em todos os níveis e em todas as empresas, entretanto, o ponto de partida para construir este recurso invisível é sempre o mesmo: um líder cultiva a confiança sendo, primeiramente, confiável. Este princípio nós aprendemos em Provérbios.

Um Provérbio sobre a Construção de Confiança

O que Salomão aprendeu

Salomão, o terceiro rei de Israel (depois de Saul e Davi), sabia muito sobre liderança. Ele esteve sob o comando da nação durante um tempo de prosperidade sem precedentes. Entre os seus mais de três mil provérbios, ele escreveu:

> *Amor e fidelidade preservam o rei, e com benignidade sustém ele o seu trono.*
>
> *Provérbios 20:28*

O ímpeto para estas palavras de Salomão foi, provavelmente, a experiência de Israel com seus primeiros dois reis terrestres. Saul, como lemos no Primeiro Livro de Samuel, foi exaltado pelo povo de Israel, originariamente, como um grande guerreiro e líder. Assim, eles fizeram este homem alto e bonito, mas humilde, o seu rei (veja 1 Sm 10:20-27). Entretanto, mais tarde, o rei Saul provou não ser digno de confiança. Ele era infiel às instruções de Deus (por exemplo, 1 Sm 13:9-13; 15:9,10) e exibiu pouco amor pelos criados do rei. Por exemplo, em uma colossal asneira de liderança, Saul exigiu que, até que o seu exército derrotasse os filisteus em batalha, nenhum deles poderia comer (1 Sm 14:24).

A insegurança de Saul começou realmente a acelerar depois que o jovem Davi matou Golias, incitando todo o povo de Israel a aclamar a proeza militar de Davi como superior à do rei (1 Sm 18:7). Em resposta, um Saul ciumento tentou matar Davi, mas só obteve sucesso em mantê-lo no exílio durante uma década. Finalmente, este rei sem amor e infiel perdeu o trono ao morrer (1 Sm 31:4).

Em contraste, a primeira metade do reinado de 40 anos de Davi foi caracterizada por uma adesão incondicional à Palavra de Deus e pela extensão de atos amorosos ao seu povo (por exemplo, 2 Sm 9). De fato, nenhum trono poderia ter estado mais seguro, pois Israel, durante estes anos, desfrutou de um alto padrão de vida, ampliou seu território e se tornou a liderança militar das redondezas.[4] Não há nenhuma dúvida: se fossem realizadas pesquisas de opinião pública por ali, elas teriam como resultado da avaliação a aprovação do trabalho de Davi com um índice superior a 90%.

Entretanto, como Saul, Davi violou a confiança tanto de Deus quanto dos seres humanos. Sabemos muito bem das histórias. Davi praticou o adultério com Bate-Seba e, então, assassinou o seu marido. O filho de Davi, Amnom, estupra sua meia-irmã, Tamar, e Davi não toma nenhuma atitude. Depois de reinar durante dois anos sob a injustiça, o filho de Davi, Absalão, decide resolver os problemas com as suas próprias mãos, matando Amnom e tomando o controle do reino de seu pai. Como "a bondade e a fidelidade" de Davi saíram dos trilhos, assim também aconteceu com seu trono.

A reflexão inspirada de Salomão sobre esses eventos remete-nos à teoria de liderança efetiva e duradoura que ele escreveu sob a forma de crônicas em Provérbios 20:28. Os atributos da bondade e da fidelidade fazem de um líder uma pessoa confiável e geram uma confiança recíproca entre os seus seguidores. Conseqüentemente, a influência do líder é fortalecida, seu *trono* fica seguro.

OUTRA PERSPECTIVA A PARTIR DE ISAÍAS

No entanto, por maior que seja sua verdade, esta teoria parece um pouco primária. O provérbio oferece somente algumas pinceladas, e muito pouco sobre a prática do que significa para um líder ser amoroso e fiel. Felizmente, estes termos exatos são desvendados para nós em um versículo que é inegavelmente relacionado a Provérbios 20:28. Isaías 16:5, numa de suas muitas profecias sobre a chegada do Messias, ilumina as definições de Deus como um ser amoroso e fiel: "Um trono se firmará em benignidade, e sobre ele no tabernáculo de Davi se assentará com fidelidade um que julgue, busque o juízo e não tarde em fazer justiça."

"Este é o modelo", escreveu Isaías. É assim que o protótipo de líder deve ser. Qualquer um que aspire a uma liderança abençoada e que busque por um trono seguro não precisa de qualquer exemplo além do que Cristo oferece. Ame seus seguidores como Cristo ama aqueles que o seguem. Seja tão fiel a eles como Cristo é a você. Fazendo assim, você estabelecerá um laço fundamental de confiança com aqueles ao seu redor.

Assim, a partir de uma perspectiva cristã, esta é a lição fundamental de liderança de Provérbios 20:28: imite Cristo diante das pessoas confiadas a você. Isto significa que, a despeito das normas culturais do local onde você trabalha e independentemente de como qualquer um trata você, mire-se no amor e fidelidade de Cristo na administração de seus subordinados. Aqui se encontra a base para construir confiança e assegurar o sucesso de liderança a longo prazo.

LIÇÕES SOBRE CONFIANÇA INSTITUCIONAL

UM CONTRATO PSICOLÓGICO ENTRE EMPREGADOR E FUNCIONÁRIOS

Desde a década de 1950, pesquisadores vêm examinando como este ensinamento opera no mundo do trabalho, analisando formalmente como a confiança institucional é estabelecida, como é explorada e como é relacionada à eficiência empresarial.[5] Eles concluíram que os funcionários vêem a relação deles com um empregador em termos de obrigações recíprocas. Acadêmicos chamaram isto "contrato psicológico" no ambiente de trabalho,[6] mas em linguagem clara, simplesmente significa que todos percebem que há um pacto não declarado entre empregador e funcionário. O lado do pacto do funcionário é fazer um trabalho decente e operar dentro das regras de conduta estabelecidas para o local de trabalho. Em troca disto, o funcionário acredita que o empregador tem obrigações nas áreas de pagamento, promoção, segurança de trabalho, designação de tarefas, horas requeridas e assim por diante.

Muitas pesquisas sobre confiança institucional concentram-se no que acontece quando essas expectativas do funcionário não são atendidas – quando, da perspectiva do funcionário, o empregador quebrou o contrato psicológico. No contexto da sabedoria proverbial, os pesquisadores perguntaram, principalmente: "O que acontece quando um funcionário pensa que o empregador fez algo contrário à instrução de Provérbios 20:28?" Quer dizer, quando o chefe não mostra amor e fidelidade.

Como dá para se prever, as conseqüências podem ser bastante sérias. Quando um funcionário percebe uma brecha na confiança por parte da administração – por exemplo, quando ele não adquire um aumento de pagamento esperado com a revisão anual –, a pesquisa indica um desempenho inferior desta pessoa e mudanças em seu comportamento, como redução da preocupação com o sucesso da empresa, do departamento ou da equipe de trabalho; do compromisso subjetivo diante do empregador; e de uma atitude de cortesia para com a administração. Além disso, os pesquisadores descobriram uma propensão mais alta, em tais funcionários, para deixar a companhia, contribuindo com taxas mais altas de rotatividade de pessoal.[7]

Estes estudos indicam ainda que este funcionário terá menor confiança na administração no futuro, e, principalmente, *este funcionário terá maior probabilidade de interpretar praticamente toda mudança futura no status quo como uma brecha no pacto subjetivo, por parte da administração.* Quer dizer, ele pode se apressar em clamar por justiça até mesmo nas decisões administrativas mais inócuas. E, num quadro mais amplo, quando um sentimento de pouca confiança permeia a mão-de-obra de uma empresa, as principais conseqüências refletem-se no desempenho empresarial.

Por exemplo, digamos que uma empresa comprou alguma maquinaria computadorizada nova para acelerar o processo industrial. A administração está agora explicando os fundamentos lógicos do novo sistema para os funcionários que o utilizarão e lançando mão da tecnologia como necessária para controlar os custos de produção para que a empresa possa permanecer competitiva. Eles estão, basicamente, pedindo aos trabalhadores para aceitar uma iniciativa que requererá novo treinamento, o desenvolvimento de novas habilidades e o desconforto de pôr de lado o modo velho e conhecido de fazer as coisas, substituindo-o por um modo novo. Qual será a reação dos funcionários?

Num ambiente de trabalho de baixa confiança

Se este é um ambiente de trabalho de baixa confiança, a pesquisa e bom senso permitem antever uma forte resistência. Os funcionários responderão com comentários do tipo: "Por que eu deveria me preocupar com competição e custos? Isto é um problema seu, não meu." Ou: "'nova tecnologia' é só um código da administração para mandar trabalhar mais rápido! Quantas demissões isto vai nos custar?" Alguns podem questionar, sarcasticamente: "Qual era mesmo o número do telefone daquele sindicato?" E, é claro, muitos podem perguntar; "Que tipo de aumento acompanha esta mudança?"

Atitudes e comportamentos egocêntricos são manifestações comuns de um ambiente de desconfiança. Eles retardarão o crescimento e a eficiência de uma empresa. Ou eles podem trazer resultados até piores: como na Eastern Airlines, tais atitudes podem impedir a flexibilidade que é tão necessária para a sobrevivência. Contudo, na mesma proporção que a baixa confiança produz uma desvantagem competitiva, a alta confiança cria uma vantagem. De fato, como comprovado por uma empresa, a confiança genuína entre empregador e funcionário pode ser a alavanca para o domínio de mercado a longo prazo.

Estudo de Caso: Confiança e Sucesso na Lincoln Electric

A companhia Lincoln Electric, em Cleveland, prosperou onde outras falharam. Situada entre fábricas há tempos abandonadas, numa área ociosa dos Estados Unidos, este fabricante de equipamento de solda sustentou uma tremenda rentabilidade e sua posição de liderança da indústria durante várias décadas.

A estratégia da Lincoln sempre foi básica: produzir o que há de melhor ao mais baixo custo possível e repassar a economia para o cliente, ampliando a demanda. Alta eficiência, alta cotação de mercado, lucros altos. Parece o plano de *marketing* simplista de um novato de faculdade que escreve um trabalho para o seu primeiro curso empresarial. Mas na Lincoln é realmente simples assim.

Significativamente, o fundamento que fez o sistema da Lincoln dar certo desde 1911 é uma confiança firme entre a administração e os trabalhadores, uma convicção comum de que administração e força de trabalho formam um time que trabalha para um fim comum. A administração da Lincoln construiu esta confiança, em grande parte, demolindo as barreiras que tão freqüentemente inflamam uma mentalidade do tipo *nós-contra-eles* entre os trabalhadores. Para começar, na Lincoln não há qualquer privilégio para executivos: nenhuma sala de jantar executiva, nenhuma casa de montanha e nenhum jatinho ou carros da empresa. Além destes símbolos, e mais importante para os trabalhadores, a estrutura de compensação é paralela para os que ocupam altos e baixos cargos. Da mesma maneira que o salário dos trabalhadores varia de acordo com o desempenho, assim é o salário da administração. Quando o desempenho na empresa baixa, como aconteceu no início da década de 1990, os salários dos executivos abaixam proporcionalmente. O problema é dividido entre todos.

Da mesma forma, os lucros são divididos por todos. A cada ano, desde 1934, a maioria do lucro da Lincoln entrou numa *caixinha* de gratificação a ser dividida entre seus aproximadamente três mil funcionários. Entretanto, isto não é somente um bônus de Natal. Os trabalhadores da fábrica podem receber individualmente algo que varia entre alguns mil dólares e 10, 20 ou 30 mil dólares do plano de lucros compartilhados. E os trabalhadores não ficam apenas satisfeitos com a magnitude da gratificação: eles também ficam satisfeitos porque a Lincoln está compartilhando seus lucros *eqüitativamente.* Eles acreditam que recebem e continuarão recebendo uma parte justa da prosperidade da empresa. Desta maneira, os funcionários da Lincoln vêem seus interesses alinhados com os da administração.

Além de derrubar as barreiras tradicionais e compartilhar a riqueza, o terceiro ingrediente na fórmula de confiança organizacional da Lincoln é o emprego vitalício garantido. A qualquer um que trabalhe na Lincoln durante dois anos ou mais são prometidas, pelo menos, 30 horas de trabalho semanais. Muitas empresas, como a IBM, fizeram e quebraram tal promessa, mas a Lincoln tem honrado a sua desde 1951. Até mesmo durante a drástica crise de 1982/1983, quando a Lincoln viu seu volume de vendas cair 40%, a empresa pôde manter todo mundo empregado.

Emprego garantido é vital para o sucesso da empresa, porque como a administração periodicamente atualiza os equipamentos e redesenha o sistema de trabalho, os funcionários não resistem. A administração consegue que suas idéias sejam aceitas rapidamente porque os funcionários têm total confiança que os seus empregos estão seguros. Os resultados da filosofia da Lincoln falam por si. A Lincoln Electric têm sido o "gorila de 400 quilos" da indústria há tanto tempo quanto qualquer um possa se lembrar. No processo, vários competidores foram exterminados, incluindo a gigante General Electric. Quanto à mão-de-obra da Lincoln, embora alguns funcionários possam não amar os seus empregos, eles estão comprometidos a fazer com que o sistema funcione. Isto é, talvez, melhor evidenciado por seu nível de produtividade: duas a três vezes a média nacional!

A chave para o extraordinário compromisso e a eficiência da Lincoln é sua cultura de confiança bilateral, uma cultura que a administração tem posto em prática e sustentado por ser digna de confiança.[8]

Confiança Gera Confiança

Quando se fala em construir confiança dentro da organização, o princípio de colher e semear está claramente em evidência. Confiança gera confiança. Desconfiança gera desconfiança. Assim, seja você responsável por cinco ou por 5 mil pessoas, o movimento em direção a uma cultura de confiança pode começar totalmente por você. Comece adotando, de forma consciente, uma atitude cristã em relação aos seus subordinados, permitindo, assim, que fatores não convencionais e embasados na confiança façam parte de seu processo de tomada de decisão. Entre estes fatores, algumas questões podem ser citadas: "Minha decisão terá o efeito de aumentar ou diminuir a confiança que os funcionários têm em mim?" Ou: "Será que a maneira pela qual eu estou tomando esta decisão fará meus funcionários desconfiarem de alguma coisa?" Ou ainda: "Se eu estivesse do outro lado, eu confiaria que aquele que tomou a decisão teve meus melhores interesses em mente?"

Estas são perguntas poderosas, mas também inconvenientes. Se levadas a sério, elas desacelerarão o processo e, em muitos casos, será necessário defender seu ponto de vista não ortodoxo para os céticos *de carteirinha*. É importante lembrar, entretanto, que coisas como conveniência, malandragem e lábia tendem a ser os inimigos do "amor e fidelidade". Eles, em essência, representam paradigmas rivais à tomada de decisões da administração em relação aos seus funcionários.

Porém, neste caso, estes paradigmas seculares estão competindo com a Palavra de Deus, que diz: "Imite a Cristo e construa confiança."

Décimo Princípio

Reduza a Tensão dos Funcionários

Ao inspecionar algumas de suas malas em um aeroporto, um viajante ficou muito indignado com David, o carregador que estava manuseando a sua bagagem. Por vários minutos, ele repreendeu o jovem funcionário e criticou tudo, desde o ritmo com que ele estava trabalhando até a sujeira de seu uniforme. Ele repreendeu a aparente indolência ética de David, lamentou o horrível estado da mocidade da atualidade e ameaçou reclamar de David junto a seu supervisor.

Surpreendentemente, enquanto levava a bronca, o carregador não pareceu estar nem um pouco abalado pelo abuso (uma atitude que enraiveceu ainda mais o passageiro). David simplesmente continuou o seu trabalho e, ocasionalmente, balançava a cabeça diante da repetida pergunta: "Você está me escutando, rapaz?"

Depois que o passageiro partiu para localizar o seu portão, outro homem aproximou-se de David e disse: "Aquele sujeito era inacreditável. Como você agüenta tais pessoas?" O carregador sorriu maliciosamente e respondeu: "É realmente bem fácil. Ele vai para Nova York, mas estou enviando as malas dele para o Brasil!"[1]

Se você não toma atitudes para aliviar a tensão dos seus funcionários, eles acharão uma maneira própria para aliviá-las. E a atitude deles raramente será positiva para a empresa. Antes de analisar as soluções, entretanto, é importante que comecemos com o reconhecimento do fato de que a tensão no local de trabalho não é de todo má. Sim, é verdade que muita tensão é insalubre para o indivíduo e traz dificuldades para a empresa. Pode conduzir ao atendimento precário do consumidor, a uma baixa na qualidade e na produtividade, a uma rotatividade de pessoal mais alta, a problemas fora do trabalho e a milhares de outros resultados negativos.

Porém, se considerada como uma força motivadora poderosa, a tensão no local de trabalho pode, em alguns contextos, ajudar um indivíduo. Pode, por exemplo, motivar alguém a se ocupar com comportamentos produtivos que, de outra forma, poderiam ser negligenciados. Para citar um dos incontáveis exemplos, a New United Motor Manufacturing, Inc. (NUMMI), uma empresa associada à General Motors e à Toyota, institucionalizou um processo de trabalho baseado em equipes, com tensões sutis que reduzem o índice de faltas do funcionário. Devido ao fato de o sistema não ter praticamente nenhuma reserva de recursos ou funcionários, "todas as dificuldades provenientes da ausência de um funcionário recaem sobre aqueles que têm um contato diário com o ausente – seus parceiros de trabalho e seu supervisor imediato –, produzindo uma enorme pressão entre os colegas contra o absenteísmo".[2] Os funcionários ainda tiram dias de folga quando necessário, mas as ausências ilegítimas quase zeraram.

A questão é que a tensão no local de trabalho pode funcionar tanto a favor quanto contra qualquer pessoa – uma característica bidimensional que freqüentemente conduz os psiquiatras a comparar esta situação a um elástico. Para fazer com que o elástico seja útil, deve-se estirá-lo (tensioná-lo) um pouco; todavia, se houver muita tensão, o elástico arrebenta. A analogia é perfeita, não só porque simplifica nossa explicação de um fenômeno complexo, mas também porque está completamente de acordo com os ensinamentos das Escrituras Sagradas sobre o assunto. Tanto em Provérbios quanto nos evangelhos, Deus parece afirmar que os fatores tensionadores podem ser benéficos, ao mesmo tempo que nos desafia a aliviar tensões que ficaram muito pesadas na vida de outras pessoas.

Provérbios sobre Tensão

Provérbios sugere que motivar através da tensão é, até certo ponto, algo legítimo, mas que deveria ser, então, reduzido ao chegar a este ponto. Considere os dois versículos seguintes:

> *A fome do trabalhador o faz trabalhar, porque a sua boca a isso o incita.*
>
> *Provérbios 16:26*
>
> *A alma generosa prosperará, e quem dá a beber será dessedentado.*
>
> *Provérbios 11:25*

Desconforto e preocupação sobre o futuro podem certamente ser fatores de tensão. Estes dois versículos deixam isto claro. Porém, em lugar de condenar a tensão ou dizer que ela deveria ser evitada, Provérbios 16:26 a enaltece. A preocupação de enfrentar a fome "o faz trabalhar", diz o provérbio. A tensão é considerada como uma aliada devido a seu potencial motivador: nos "incita". A interpretação natural é a de que o indivíduo que se preocupa com necessidades básicas abraçará uma ética no trabalho mais forte do que aconteceria de outro modo. Em outras palavras, a tensão pode ter um efeito catalítico no nosso desempenho e em nossa contribuição global. Provérbios, porém, não diz nem sugere que a tensão seja sempre um atributo.

Há um quadro maior aqui, como se pode ver justapondo o ensinamento de Provérbios 16:26 com a convocação à doação explícita em Provérbios 11:25. O termo hebaico traduzido como "dá a beber" carrega consigo a conotação de molhar, saciar e encharcar. De fato, a NTLH e a NVI dizem que a vida de quem é "generoso" para com os outros também é generosa para com ele. Lembre-se: a água é muito mais do que algo que refresca – é uma substância que sustenta todo tipo de vida. Ela reabastece e ajuda todas as coisas viventes a crescer. Então, Provérbios 11:25 não é somente uma chamada para dar uma mãozinha ocasional quando os outros pedem; é uma convocação para ir acima e além do que qualquer um esperaria. É uma chamada para regar generosamente aqueles que estão cheios de sede, saciar a dor dos outros com encorajamento e encharcar a tensão deles com alívio.

A noção de que a tensão pode *trabalhar* a nosso favor, se levada em consideração, é modelada no próprio ministério de Cristo. Todos sabem que, quando Jesus ensinou sobre a vida após a morte, ele falou mais sobre o inferno que sobre o céu. Ele explicou, em linguagem bastante clara, que há conseqüências sérias ao ignorarmos o Caminho (veja Jo 14:6) – uma revelação certamente inquietante. Eternidade no Paraíso ou eternidade longe de Deus? Que assunto poderia gerar mais controvérsia do que este?

Mas Cristo usou esta tensão para o nosso próprio bem. Nossa consternação pode nos motivar a tomar a decisão mais importante da vida: a decisão de seguir a Cristo. É, aparentemente, uma tensão divinamente projetada para salvar-nos de um futuro indizível. Parafraseando Provérbios 16:26, tal tensão realmente trabalha a nosso favor.

Coerentemente com o ensinamento proverbial sobre a tensão, depois de Cristo tê-la usado beneficamente como uma ferramenta de motivação, tomou-a para si a fim de impedir que a nossa tensão sobre a eternidade nos envolva. Através do seu sacrifício na cruz – o que garante a salvação de todos os que crêem –, ele traçou um caminho para nos *dessedentar*. Ele aliviou a nossa tensão. Relacionando à analogia anterior, Jesus estirou o elástico para fazê-lo útil, mas ele também o reforçou para garantir que não arrebentaria.

TENSÃO: USE, MAS NÃO ABUSE

Apliquemos estas duas dimensões bíblicas da tensão para um contexto de administração. De acordo com o livro de Provérbios, parece que é legítimo usar a tensão para a função tradicional de regular o ritmo, a quantidade e a qualidade do trabalho. Por outro lado, o gestor cristão também está incumbido de mitigar qualquer efeito prejudicial daquela tensão. Para mostrar um exemplo prático: institucionalizar a tensão sobre as conseqüências negativas de um baixo desempenho pode, em muitos casos, *trabalhar a favor* dos funcionários e da empresa. Um melhor desempenho pode trazer vantagens para todo mundo. Contudo, nos casos onde normas de trabalho e políticas da empresa sobrecarregam inadequadamente um funcionário que apresenta um baixo desempenho (por exemplo, devido a treinamento impróprio ou a designação de um funcionário para uma função que não é adequada para ele), o gestor cristão deve assumir a condição de cúmplice e se ocupar de proporcionar ao funcionário um alívio pró-ativo e original. O gerente deve achar uma maneira de dominar esta tensão sem se esquecer dos interesses da empresa.

Semelhantemente, no ambiente de trabalho em que a tensão de um funcionário não está relacionada ao trabalho, as Escrituras convidam o cristão novamente a levar um pouco de alívio. Isto pode significar a indicação para um aconselhamento, o desenvolvimento de um programa de ajuda ao funcionário ou, talvez, apenas gastar um pouco de tempo conversando com ele. Qualquer que seja a solução, entretanto, sua eficiência será resultado de uma atitude de preocupação e de uma vontade de se envolver.

Em troca, Provérbios 11:25 nos fala que o gerente que se responsabiliza por "dessedentar" outros também será "dessedentado". Talvez este alívio da sede venha na forma de funcionários mais leais, uma equipe mais dedicada ou uma rotatividade de pessoal mais baixa. Talvez venha mais satisfatoriamente na própria voz de Deus, ao dizer: "Bom trabalho!" Em qualquer caso, Provérbios ensina que aliviar a tensão do funcionário é um empenho recompensador.

ESTRATÉGIAS PARA A REDUÇÃO DA TENSÃO

Conforme a questão da tensão no ambiente de trabalho torna-se tema recorrente na mídia e na literatura empresarial, panacéias que vão do razoável ao estranho estão se multiplicando rapidamente. Há empresas que chegaram a levar massagistas para o local de trabalho, permitiram aos funcionários tirar cochilos de 20 minutos e até mesmo patrocinaram *guerras* com armas d'água durante os intervalos. Numa abordagem particularmente moderna, a empresa Health Care and Retirement (HCR) instituiu uma "política do abraço", no intuito de escoar as tensões no local de trabalho e cultivar um ambiente mais familiar. Se aquele que abraça tem a permissão do que é abraçado, a empresa sugere que o façam de forma carinhosa.[3] "Bom trabalho neste projeto, Susan. Você se incomoda se eu lhe der um abraço?"

Como outras iniciativas da administração, algumas práticas de redução de tensão são efetivas, outras não (e ainda outras podem colocar uma companhia no tribunal por incentivarem o assédio sexual!) *O ponto em comum entre aqueles que efetivamente atendem os interesses tanto do funcionário quanto do empregador, entretanto, é um gerente genuinamente sensível ao assunto, e que esteja constantemente disposto a dedicar tempo e recursos para a redução da tensão.*

Quando o assunto se refere a estratégias para reduzir a tensão, um gerente compassivo e envolvido pode realmente fazer uma diferença. Jim McNamara é um gerente deste tipo. Aos 27 anos, McNamara comprou uma pequena empresa no sudoeste de Connecticut chamada Redding Nursery. Trinta e tantos anos depois daquele dia, Jim e sua esposa, Sheila, transformaram o local num respeitável negócio de paisagismo que atualmente tem aproximadamente 2 mil clientes.

A despeito deste crescimento, entretanto, a mão-de-obra é minúscula. Para permanecer nas linhas de frente da empresa, Jim sempre limitou sua equipe a cinco ou menos funcionários. Adequadamente, com todo o negócio e tão poucas pessoas, estes sujeitos realmente *trabalham* para viver. Apesar da mão-de-obra pequena e do contínuo crescimento do número de clientes, a empresa provê serviços de qualidade e ostenta um forte balancete. A alta satisfação dos clientes aparece em dois indicadores muito reveladores: 1) Jim raramente teve de anunciar, e 2) nas primeiras três décadas da Redding Nursery, Jim e Sheila nunca precisaram de um advogado.

A chave para o sucesso deles, Jim imagina, é uma filosofia de administração de funcionários que segue a Regra de Ouro (Mt 7:12). Jim nunca pede para um funcionário fazer algo que ele mesmo não faria, e ele sempre tenta ser sensível aos problemas dos seus funcionários. Seja ao fixar salários, ao oferecer um plano de saúde ou ao adaptar-se às necessidades pessoais do funcionário, o chefe da Redding Nursery é o melhor amigo dos funcionários.

Como uma conseqüência natural desta filosofia, anos atrás Jim começou a prática de ajudar os funcionários a relaxar e a *tirar o pé do acelerador* ao término da semana. Assim que o trabalho de sexta-feira está completo, os funcionários são convidados a se encontrar na casa do chefe para uns comes-e-bebes. Em algumas semanas, estas sextas-feiras aconteceram durante o horário de trabalho; outras vezes, não. Mas seja qual for o horário em que essas reuniões começam – às 14h ou às 16h30 –, em todas as sextas-feiras a maioria das cadeiras no pequeno círculo estão ocupadas para reuniões voluntárias.

A conversa varia desde a família até o próximo fim de semana, passando pelos rododendros (arbustos japoneses) da senhora Jones – assuntos pessoais ou relacionados à empresa. Quando o tópico da conversa muda para a empresa, Jim alegremente solicita idéias aos funcionários, até mesmo para encorajar a participação na tomada de decisões. "Isto constrói a camaradagem", diz Jim sobre esta prática. "Todos nós relaxamos ao término da semana, e eles me dão uma idéia sobre o que está acontecendo no trabalho. Às vezes, até mesmo ex-funcionários aparecem só para visitar. E ao término de cada estação, nós levamos esta prática ainda mais adiante e combinamos um jogo de futebol ou algum outro evento."

É interessante notar que a intenção dos encontros de sexta-feira nunca foi a de impor coisas como fidelidade e lealdade do funcionário, apesar de a socialização ter, provavelmente, contribuído para estes resultados. As reuniões nasceram simplesmente da convicção de Jim de que cada funcionário deve ser tratado respeitosamente, e, como tal, tem direito a alguma folga patrocinada pelo empregador, devido ao trabalho árduo que aquele executa.

A cultura familiar que se desenvolveu no início de sua estratégia de administração de funcionários, o dono conclui, é a sua própria recompensa. "É gratificante criar tal ambiente e um prazer administrá-lo." E esta prática influenciou muito o crescimento da Redding Nursery. Na realidade, Jim McNamara parece ser um testemunho vivo da verdade de Provérbios 11:25: "A alma generosa prosperará, e quem dá a beber será dessedentado."[4]

É claro que as reuniões informais de sexta-feira à tarde podem não ser transferíveis a todo grupo de trabalho. Todavia, a atitude administrativa que está por baixo de tais reuniões pode. Qualquer gerente pode fazer isto. A diminuição da tensão do funcionário começa com uma pessoa que se preocupe o bastante para falar sobre o assunto com os seus subordinados. Dedicar algum tempo e pôr de lado uma pequena quantia de dinheiro para escoar as pressões do trabalho podem afetar significativamente as vidas das pessoas e efetivamente criar uma cultura de compromisso entre um grupo de trabalho.

E pode ainda ter mais um efeito importante. Pelo fato de proporcionar alívio a outros ser tão incomum e tão inesperado no local de trabalho hoje em dia, isto testemunha de forma poderosa o que significa ser um seguidor daquele que leva os fardos de todos os que crêem – Jesus.

Décimo Primeiro Princípio

Valorize o que o Funcionário Diz

Numa manhã estranhamente fria, mas azulada, no fim de janeiro de 1986, a nave espacial Challenger foi lançada, como estava marcado. Espectadores em Cabo Kennedy faziam "ohs" e "ahs", enquanto a terra tremia debaixo de seus pés e a nave da Nasa trovejava em direção ao céu. Quando a nave deixou a torre – o ponto em que os engenheiros, preocupados, tinham temido e advertido os líderes do projeto sobre uma explosão – um sussurrou ao outro: "Acabamos de nos desviar de um tiro." Setenta e três segundos depois, a Challenger explodiu e matou todos os sete astronautas a bordo.

Retrocedamos um ano, para 24 de janeiro de 1985. Roger Boisjoly, cientista experiente de uma empresa prestadora de serviços para a Nasa, examinou, com perplexidade e preocupação, a graxa enegrecida em uma nave espacial que tinha voado recentemente. Como um dos maiores especialistas do país em anéis de vedação e juntas de selagem de foguete, ele sabia que a graxa nos anéis, assim como seu desgaste parcial, era, no mínimo, motivo suficiente para um teste imediato.

Logo depois, Boisjoly levantou a questão tanto com os seus superiores quanto com a administração da Nasa. Ele suspeitava que a temperatura relativamente fresca na qual a nave tinha voado teve o efeito de endurecer os anéis de vedação de borracha no propulsor do foguete, o que causou a perda de contato com o seu selo (os anéis de vedação de foguete previnem vazamento do mesmo modo que os anéis de vedação de torneira d'água). Isto, ele disse para a administração, permitiria que os gases quentes do combustível do propulsor escapassem da câmara deles através da articulação do foguete e, com isso, comprometessem o anel de vedação. A graxa enegrecida e o desgaste parcial do anel eram evidências desta cadeia de eventos e implicariam um nível inaceitável de risco para a nave e seus passageiros.

A administração fez algumas perguntas difíceis, mas justificadas, sobre a teoria de Boisjoly, incitando o cientista e o supervisor Arnie Thompson a executar testes de laboratório, em março, sobre a relação entre a baixa temperatura e a capacidade de os anéis de vedação criarem uma selagem na articulação de propulsor do foguete. Os testes confirmaram a suspeita de Boisjoly: a uma temperatura de 24 graus centígrados, os anéis de vedação primários perderam contato com o selo durante apenas 2,4 segundos, enquanto a 50 graus eles perderam contato por *dez minutos.* O anel auxiliar (secundário), porém, permaneceu hermeticamente fechado todo o tempo. Desta pesquisa, os dois concluíram que, a uma temperatura muito baixa, seria possível que nem o anel de vedação primário nem o secundário lacrassem alguma coisa, e que isto conduziria a uma explosão no propulsor.

No meio do verão, Boisjoly estava nada menos do que implorando por mais recursos tanto para seu empregador quanto para a Nasa, no intuito de investigar o problema mais profundamente. Ele até mesmo escreveu ao vice-presidente de sua empresa de engenharia para ter certeza de que a alta administração estava a par do problema. Nessa carta, ele expressou sua preocupação urgente: se a empresa não solucionasse o problema do anel de vedação, "o resultado seria uma catástrofe da mais alta ordem – a perda de vidas humanas..."

No fim de agosto, o vice-presidente de engenharia respondeu formalmente, designando a formação de uma "equipe de desgaste da vedação". Porém, dos 2.500 engenheiros da empresa, somente cinco foram alocados para o projeto. Era um prenúncio do nível de apoio organizacional que a equipe encabeçada por Boisjoly receberia.

Durante os meses seguintes, o grupo de cientistas fez o que foi possível para analisar a ameaça, mas em todas as vezes eles se sentiram frustrados pela indiferença. Os recursos eram escassos; a burocracia, abundante. A equipe fez pouco progresso porque a administração não concedia aprovação de verbas para pedidos.

O dia 27 de janeiro de 1986, véspera do lançamento progamado da nave espacial Challenger, é bastante frio para os padrões da Flórida. A baixa temperatura fora de época – prevista para 9 graus abaixo de zero perto do horário do lançamento – conduz a várias reuniões de última hora para discutir a prudência de um lançamento. Às 8h15 daquela noite, três equipes de engenheiros e gerentes encontram-se através de teleconferência para obter mais informações de Boisjoly sobre a sua teoria. Ajudado pelo supervisor Thompson, Boisjoly apresenta 13 tabelas das experiências de março. A recomendação específica delas é a de que a temperatura deve ser de, pelo menos, 11,5 graus centígrados para que o lançamento da nave seja seguro. Embora os superiores de Boisjoly parecerem inicialmente favoráveis à recomendação, um funcionário da alta administração da Nasa não foi, e respondeu de forma abrupta: "Meu Deus, quando você quer que eu lance? Em abril do ano que vem?"

Depois da apresentação, os quatro gerentes superiores da empresa de Boisjoly se reuniram. Embora nenhuma declaração a favor do lançamento tivesse sido feita por algum de seus engenheiros durante a reunião, o grupo votou 4 a 0 pela recomendação do lançamento. Às 11h, literalmente a décima primeira hora, terminou a teleconferência, e a decisão foi enviada por fax ao Centro Espacial de Kennedy. Depois daquela noite, Boisjoly escreveu no seu diário de trabalho: "Espero sinceramente que este lançamento não resulte em catástrofe."[1]

No dia seguinte, Boisjoly testemunhou, em pânico, a catástrofe que ele mesmo tinha previsto. Da mesma forma que aconteceu com o assassinato do presidente John F. Kennedy, muitos norte-americanos lembram-se precisamente onde estavam no momento em que assistiram ou ouviram falar do desastre da Challenger. Foi uma tragédia que chocou a nação, principalmente pelo fato de que a professora Christa McAuliffe tinha sido convidada para estar entre os sete tripulantes da Challenger. Ficamos ainda mais horrorizados ao saber que os 1.200 alunos e 140 funcionários da escola dela assistiram à explosão coletivamente, pela televisão, ao vivo. "Estávamos felizes pelo lançamento... celebrando com ela", comentou o diretor, Charles Foley, com os repórteres. "Então, a nave parou. É isso. Simplesmente parou."[2]

Agora, com o luto terminado e muitos anos passados depois do acidente, a Challenger tornou-se, entre outras coisas, um assunto sempre presente em cursos de ética empresarial de todo o mundo. De fato, muitas realidades empresariais contribuíram para que a administração repetidamente ignorasse o conselho de seus funcionários mais experientes – a maioria das quais tem a ver com coisas como programa de reputação e efeitos sobre futuros financiamentos, no caso de um atraso. Contudo, apesar das preocupações administrativas legítimas, o desastre tornou-se um exemplo clássico do que significa ignorar o valor da opinião de um funcionário.

Este valor é fácil de se reconhecer quando os funcionários são peritos renomados mundialmente em sua área. No entanto, também é verdade que um funcionário não precisa ser um cientista de foguete para ter conhecimento e contribuir com sugestões. Na verdade, pode-se discutir que estes nas linhas de frente, que estão em contato diário com clientes, máquinas, público, tecnologia, etc., são um recurso para melhorar o produto, o serviço ou o sistema de trabalho de uma empresa. Além disso, algumas pesquisas indicam que a participação dos funcionários na tomada de decisões pode ter efeitos em variáveis como a moral do funcionário, produtividade e rotatividade de pessoal.[3]

Além de teorias humanas e argumentos, entretanto, a Palavra de Deus fala freqüentemente para que se valorize a opinião de outros ao se tomar decisões.

O Conselho de Provérbios sobre o Conselho

Dois versículos cheios de reflexão sobre a necessidade de receber conselhos antes de tomar uma decisão estão em Provérbios:

Onde não há conselho fracassam os projetos, mas com os muitos conselheiros há bom êxito.

PROVÉRBIOS 15:22

Responder antes de ouvir é estultícia e vergonha.

PROVÉRBIOS 18:13

Provérbios tem uma mensagem séria para muitos chefes: você não sabe tudo. Você pode saber sobre a sua indústria; você pode saber como a empresa funciona ou como administrar seu orçamento. Você pode até ter uma sopa de letrinhas de credenciais que acompanham o seu nome. Mas você sempre pode aprender com os outros.

SOLICITE E DÊ BOAS-VINDAS AOS CONSELHOS

Há dois pontos centrais sobre os conselhos que o livro de Provérbios nos oferece. Primeiro, Provérbios 15:22 e os seus paralelos semelhantes (11:14; 12:15; 20:18; 24:6) nos encorajam a solicitar conselhos ativamente. Procure, porque "onde não há conselho fracassam os projetos".

Nem todos os planos feitos unilateralmente falharão, é óbvio. Sabemos disto porque a maioria dos executivos já viu alguns projetos solitários fruírem. Mas a maioria de nós não precisa pensar muito para recordar o embaraço e a frustração de planos que se desintegraram porque nós simplesmente éramos muito teimosos para pedir ajuda. Ou, talvez, rejeitamos as sugestões que nos foram oferecidas. Solicitar a opinião de "muitos conselheiros", como o versículo nos fala, conduz a uma maior probabilidade de sucesso, porque nós não temos todas as respostas.

Segundo, e igualmente importante – mas também igualmente negligenciado –, é *respeitar o conselho não solicitado.* Na prática, quando um subordinado vem a nós com uma sugestão, a maioria a escutará. Mas, embaixo da máscara aparentemente atenta, estamos realmente escutando? Estamos de fato considerando seriamente o conselho não solicitado? Ou estamos, em nossas mentes, como Provérbios 18:13 nos previne, respondendo antes de escutar? Descartamos a sugestão antes de realmente pesar seu valor? O ensinamento de Provérbios é não assumir que nós sempre sabemos o melhor e, ao invés disso, devemos dar uma consideração autêntica aos méritos do conselho não solicitado.

SEJA HUMILDE

Implícita neste conselho de dar boas-vindas aos conselhos está uma virtude discutida no Terceiro Princípio: seja humilde. Solicitar conselhos e respeitar os conselhos não solicitados é ato de humildade, algo com que legiões de chefes lutam. Recusar conselhos e responder antes de escutar são simplesmente manifestações de orgulho. Provérbios 13:10 faz esta conexão de forma cristalina:

> *Da soberba só resulta a contenda, mas com os que se aconselham se acha a sabedoria.*
>
> *PROVÉRBIOS 13:10*

Aqui, o orgulho é colocado contra a sabedoria, e a sabedoria é correlacionada com a aceitação de conselhos. Embora o versículo não mencione a humildade, o ensinamento é bastante patente: Tenha humildade para ser ensinado. Ponha de lado a noção orgulhosa de que você sabe tudo e busque conselhos. Este é o caminho religioso do sábio. Valorizar o conselho do funcionário (e quaisquer outros conselhos, no que diz respeito ao assunto) começa por desvalorizar a auto-suficiência completa de uma pessoa. Na humildade, solicite conselho dos subordinados e outras pessoas e respeite os conselhos que não são solicitados. *Escute antes de responder.* Estes são princípios que poderiam ter economizado sete vidas em 1986.

CONSELHOS CONFIDENCIAIS NA PILLSBURY

Quando chega o exato momento, respeitar conselhos que não foram solicitados é um assunto pessoal inteiramente sob o controle da própria pessoa. Solicitar idéias de funcionários, entretanto, é outra questão.

Informalidade nunca foi o forte da maioria dos funcionários de qualquer empresa. Não importa quantos questionários de satisfação eles recebam e quantas vezes eles são estimulados a tirar proveito da "política de portas abertas" do chefe, é virtualmente impossível acabar com as noções dominantes de que 1) a administração simplesmente ignorará sugestões que vêm de baixo, e 2) pode haver alguma represália a críticas, independentemente de quão construtivas sejam as sugestões.

SUPERANDO OS MEDOS DO FUNCIONÁRIO

Assim, a pergunta prática para o gestor cristão torna-se, então: como superar as barreiras para implementar efetivamente o conselho de Provérbios a respeito de dar ouvido aos conselhos? Como você age para fazer com que seus funcionários ofereçam sugestões e lhe contem o que realmente está em suas mentes?

A Pillsbury Company, uma empresa de comida em Mineápolis, achou uma maneira. Em 1993, Pillsbury contratou uma empresa terceirizada para estabelecer um serviço do tipo 0800, 24 horas por dia, para comentários de funcionários. Quando um funcionário liga para o número, a ele (ou ela) são, primeiramente, dadas as opções de permanecer no anonimato ou deixar um nome, e então deve deixar um comentário de até quatro minutos de duração. A empresa contratada, então, transcreve as mensagens e as envia diretamente à alta administração da empresa, onde todas as mensagens são analisadas pelo diretor executivo, pelo conselho deliberativo e pelo vice-presidente de recursos humanos. O custo para a empresa é de aproximadamente 3 dólares por funcionário por ano.

Uma vez que esta linha foi instalada, a Pillsbury precisou fazer com que os funcionários a usassem. Através de uma onda de publicidade ostensiva, que incluiu a distribuição de adesivos e ímãs, os funcionários deram-se conta da ferramenta e ganharam confiança em seu caráter confidencial.

PROVANDO O SUCESSO NA PILLSBURY

Durante seus primeiros cinco anos de operação, os funcionários deixaram mais de 2 mil mensagens. Delas, 36% tinham a ver com benefícios; 18% eram idéias de produtos e de como economizar; outros 18% envolviam a moral no local de trabalho; 7% tratavam de questões do ambiente de trabalho; mais 7% falavam de políticas e procedimentos; o restante era relativo a outras sugestões.

O que perpetua o sistema e, em grande parte, determina seu sucesso, entretanto, é o seguimento de administração. *Toda pergunta recebe uma resposta.* São postadas respostas para perguntas de interesse geral em boletins para funcionários, e às vezes são publicadas na seção de cartas do jornal *Pillsbury Today.* Indivíduos que deixam o seu nome recebem uma resposta personalizada, normalmente do gerente local, para quem a cópia foi remetida. Os funcionários são regularmente lembrados que o 0800 não é uma máquina de votação, mas eles também sabem que suas sugestões não cairão em ouvidos moucos e não afetarão suas avaliações de desempenho.

E o que se pode dizer do seu sucesso tangível? A Pillsbury diz que os primeiros cinco anos da operação da linha 0800 geraram aproximadamente 200 produtos e idéias de economia de custo utilizáveis. Os funcionários tendem a gostar do sistema, assim como a administração superior, pois ele não somente gera sugestões que valem a pena, mas também mantém a alta administração em contato com assuntos pertinentes à maioria dos funcionários.[4]

De fato, parece que a Pillsbury achou uma receita para valorizar a opinião do funcionário que deriva do *receituário* bíblico: "Onde não há conselho fracassam os projetos, mas com os muitos conselheiros há bom êxito."

CAPAZ DE APRENDER

A Bíblia exorta-nos a ser humildes o bastante para sermos passíveis de ser ensinados, e passíveis o bastante para aprender com aqueles que trabalham para nós. É importante reconhecer, entretanto, que ao implementar este ensinamento, nenhuma fórmula é estabelecida. Mecanismos para receber a opinião do funcionário vão desde a tradicional caixinha de sugestões até as portas abertas dos escritórios dos supervisores, passando por linhas 0800, pesquisas sofisticadas e comitês formais. Em outras palavras, desde o método mais informal até os sistemas estruturados e institucionalizados.

Perceba que a Escritura não fala dos detalhes da implementação. Ao contrário: como tão freqüentemente acontece, *Deus está menos preocupado com processos administrativos específicos do que com a transformação do coração de uma pessoa.* A atitude inicial de muitos gestores cristãos, infelizmente, é a de que as virtudes podem configurar riscos no ambiente de trabalho. A humildade é uma fraqueza, a passividade de ser ensinado é uma admissão tácita de incapacidade, e aceitar a opinião que vem de um subalterno implica uma deficiência pessoal de sagacidade e capacidade de inovação. A natureza pecadora das pessoas e da cultura corporativa perpetua esta condição, cujo resultado é um tipo de pensamento destrutivo, segundo o qual deve-se sempre ter uma resposta para tudo.

Mas ninguém tem. E, de acordo com Deus, o Avaliador supremo, isto não é um problema. Quando abraçamos esta realidade libertadora – a de que não temos todas as respostas – damos o primeiro e crucial passo para nos virarmos contra o orgulho e as normas corporativas. O gerente sábio completará esta reviravolta e valorizará, sinceramente, o gestor conselho dos outros.

Décimo Segundo Princípio

Desenvolva a Carreira do Funcionário

Ela conhecia o produto, tinha lidado com muitos dos clientes e tinha curso superior completo. Então, por que ainda era uma secretária? Esta era a pergunta desconcertante que rondava Eve Smith a cada dia de trabalho. A senhora Smith (não é o seu nome real) tinha aspirado a trabalhar num cargo administrativo, ou talvez como uma representante de vendas para o seu empregador de Wichita, no Estado do Kansas (EUA). Mas a firma não a levaria em consideração no momento de ocupar tais cargos. As credenciais simplesmente não estavam lá.

Assim, repetidamente, Eve pediu para entrar em programas de treinamento da empresa para preencher alguns buracos de sua formação. A resposta exasperante, entretanto, tinha como pano de fundo as normas da empresa: dado o seu *status* de secretária, ela só poderia participar de treinamentos que fossem pertinentes à sua função. As normas ditavam que ela poderia fazer um curso de processamento de textos, mas nenhum de *marketing*.

Presa ao que ela considera o fim da linha, Eve passou por momentos em que sentiu frustração e fracasso. "Há algumas pessoas no mercado que estão satisfeitas com a função de assistente", ela suspirava, sem fazer julgamentos. "Mas há alguns de nós que querem mais."[1]

A experiência de Eve não é a única. Diariamente, funcionários que querem desenvolver sua carreira reclamam do que parece ser uma indiferença, por parte da administração, ao desejo deles de crescimento e desenvolvimento. E, verdade seja dita, muitas de suas queixas são válidas. O desenvolvimento da carreira do funcionário raramente aparece como um pequeno sinal na tela de radar de um gerente. Não há nada de diabólico por trás disto; a indiferença, na maioria dos casos, é em função da esmagadora carga de trabalho do gerente. Defrontado por pressões de diárias de prazos finais, bater os objetivos de produção e permanecer dentro do orçamento, quem tem tempo para dar atenção a tais preocupações secundárias?

Conseqüentemente, devido ao fato de que o desenvolvimento de uma carreira não tem nenhum peso na crise de cada dia, a ele é relegado um *status* secundário perpétuo, isto se sequer for considerado. "Talvez eu possa cuidar desta discussão durante a próxima avaliação anual dela", diz o gerente a si mesmo. "Ou, talvez", ele argumenta, "a funcionária deva lidar com esta questão por si só. Afinal de contas, é a carreira dela, não é?"

Nós podemos ver desta maneira, se quisermos. Mas quando vemos assim, aumentamos a probabilidade de que, para nossas próprias *Eve Smiths*, a esperança de uma carreira mais satisfatória permaneça longe de ser cumprida.

UM PROVÉRBIO SOBRE A ESPERANÇA E A REALIZAÇÃO

Provérbios 13:12 nos familiariza com a importância de um gestor tomar para si as responsabilidades relativas às aspirações de trabalho do funcionário:

> *A esperança que se adia faz adoecer o coração, mas o desejo cumprido é árvore de vida.*
>
> *PROVÉRBIOS 13:12*

As conseqüências de um coração doente

Qualquer um que já esperou ansiosamente algum evento significativo em sua vida, só por ter estas esperanças frustadas, se lembra do terrível sentimento. Pergunte para a noiva que é deixada no altar ou a mães que não conseguiram manter uma gravidez. Pergunte ao estudante que se forma na faculdade para ficar desempregado ou à menininha que não recebe o tão esperado presente de Natal que ela desejou secretamente. Pode ser vexatório, até mesmo devastador. Não é considerado menos do que uma injustiça brutal, e, como tal, requer respostas imediatas e, melhor ainda, uma solução veloz.

A primeira linha deste provérbio compara o sentimento a um coração adoecido, uma escolha de palavras que certamente não foi gentil. Autores bíblicos, tanto do Antigo quanto do Novo Testamento, referem-se freqüentemente às condições do coração de uma pessoa como uma explicação para o futuro comportamento daquele indivíduo. Por exemplo, lemos em Êxodo que o comportamento obstinado do Faraó em relação a Israel era diretamente associado ao endurecimento de seu coração, por parte de Deus. Devido a seu coração desumano, o Faraó recusou-se a deixar as pessoas partirem (Êx 4:21), recusou-se a escutar Moisés e Aarão (7:3,4), e perseguiu Israel no mar Vermelho (14:4). Em 1 Reis, imediatamente após Salomão ter recebido um coração sábio e perspicaz (1 Rs 3:12), ele tomou uma decisão inteligente e sagaz (vv. 16-28), e então foi escrever alguns provérbios, a literatura considerada mais sábia da história. E, mais notadamente, no Evangelho de Mateus, vemos a estreita conexão entre o coração e o comportamento nas palavras de Cristo: "Porque do coração procedem maus desígnios, homicídios, adultérios, prostituição, furtos, falsos testemunhos, blasfêmias" (Mt 15:19).

Assim, quando lemos em Provérbios 13:12 que "a esperança que se adia faz adoecer o coração", devemos compreendê-lo naquele contexto. Um coração aflito devido a um desejo não cumprido não repousará; provavelmente induzirá a alguma ação por parte da pessoa cujas expectativas não foram atendidas. O sentimento fará mais do que apenas feridas internas, diz o provérbio. *Esperanças adiadas irão, em última análise, manifestar-se como comportamentos externos e observáveis.*

A ALEGRIA DE UM DESEJO CUMPRIDO

Examinando o versículo deste ensinamento, a segunda frase de Provérbios 13:12 mostra um grande contraste com a primeira. Um desejo cumprido é chamado "árvore de vida", um termo que tem suas raízes no jardim do Éden: "Do solo fez o SENHOR Deus brotar toda sorte de árvores agradáveis à vista e boas para alimento; e também a árvore da vida no meio do jardim e a árvore do conhecimento do bem e do mal" (Gn 2:9). Significativamente, um provérbio anterior traduz a sabedoria como uma "árvore de vida" (Pv 3:18), e o termo também aparece no último livro da Bíblia, com o próprio Cristo prometendo ao fiel o direito de se alimentar "da árvore da vida que se encontra no paraíso de Deus" (Ap 2:7). Nas Escrituras Sagradas, a "árvore da vida" é uma metáfora para a vida eterna.

A mensagem posterior do provérbio, desta forma, é que um "desejo cumprido" pode parecer com o céu para os que têm esta experiência. Contrastando com a primeira linha do versículo, somos brindados com a escolha entre extremos (um dispositivo literário que faz bastante memorável a sabedoria de um provérbio). Como sempre, somos desafiados a ver dois caminhos diante de nós. Adie a esperança da pessoa e você provocará algum comportamento negativo; atenda-o, e aquela pessoa ficará jubilosa.

A RELAÇÃO COM O DESENVOLVIMENTO DE CARREIRA

Quais são as implicações práticas deste ensinamento para gerentes? O ensinamento implica em muito mais do que uma lembrança de se identificar e satisfazer as necessidades dos funcionários. Questões como um salário justo, segurança no trabalho, planos de saúde, um ambiente de trabalho seguro e tempo adequado de descanso são essenciais para os funcionários, mas são necessidades meramente básicas. Provérbios 13:12 é uma chamada específica para atender a "desejos" relacionados ao trabalho de nossos subordinados – desejos e necessidades de alta ordem.

Para muitos trabalhadores, o mais importante dentre essas coisas que chamamos "desejos" é uma aspiração pessoal de desenvolvimento de carreira. Muitos, como Eve Smith, vêem o trabalho como algo mais que um meio financeiro; ao contrário, o trabalho e a carreira oferecem espaço para as pessoas exercitarem e desenvolverem os seus talentos dados por Deus, para alcançar aquele fugaz patamar de auto-realização e preenchimento, assim descrito pelo notável psicólogo Abraham Maslow como a necessidade mais elevada na hierarquia do modelo de necessidades, e levar vidas com mais objetivos. O emprego de Eve Smith não oferecia nenhuma dessas coisas, e, deste modo, a esperança retardada – este desejo não atendido – influenciou seu compromisso e seus sentimentos de auto-estima.

A experiência de Eve oferece evidência para a verdade de Provérbios 13:12, mas provas empíricas também confirmam esta verdade. Por exemplo, pesquisadores investigaram a conexão entre as metas de carreira de um indivíduo e as necessidades de uma empresa. A conclusão deles: Quando uma empresa satisfaz as metas do funcionário – quando trata do desenvolvimento de sua carreira e cria caminhos para a mobilidade interna –, o funcionário reage muito positivamente, freqüentemente investindo tempo no treinamento necessário para assumir mais responsabilidades.[2] O funcionário está disposto a satisfazer as necessidades empresariais (por exemplo, produtividade e qualidade mais altas, mais flexibilidade) em troca de um desejo atendido.

Contudo, o que o provérbio chama "esperança adiada" tem sido empiricamente relacionado a resultados negativos. Os conflitos entre as metas de carreira do funcionário e a vontade ou a capacidade da empresa de satisfazer essas metas resultam numa menor satisfação no trabalho e num desempenho mais baixo.[3] Esses conflitos criam um coração aflito que, por sua vez, influencia na contribuição do funcionário e também pode conduzir a uma rotatividade de pessoal. Após ter reconhecido essas conseqüências, empresas de todos os portes fizeram do desenvolvimento de carreira do funcionário uma prioridade.

E SE A POSSIBILIDADE DE UM PLANO DE CARREIRA NÃO FOR POSSÍVEL?

Mas nós também temos de reconhecer que a possibilidade de se alcançar cargos mais altos nem sempre existe em algumas situações. Desenvolver um plano de carreira interno para todos os funcionários é difícil, devido à eliminação de muitas funções medianas de administração e à tendência para menos hierarquia em empresas promissoras. Além disso, em empresas menores, freqüentemente não há qualquer possibilidade de alguém ser promovido, exceto ao nível executivo. Também há cenários onde, embora a promoção seja possível, um funcionário está simplesmente estancado e não tem a aptidão para um trabalho de nível mais alto. Essas realidades tiram o valor da sabedoria proverbial?

O DESENVOLVIMENTO DE NOVAS HABILIDADES

Não, não tiram. Em cada uma dessas situações, os funcionários ainda têm desejos de um trabalho significativo e de carreiras intrinsecamente recompensadoras. E eles normalmente também têm um grande potencial. Desta maneira, em casos onde a mobilidade para cargos mais altos é impedida, um gerente deve levar em consideração o conceito de "enriquecimento de carreira", um paradigma que não focaliza exatamente a promoção, mas o incentivo aos funcionários para crescer onde estão.

A Chevron Corporation desenvolveu tal sistema. Quando pressões econômicas forçaram a empresa de exploração e refino de petróleo a demitir aproximadamente 8 mil funcionários, no fim da década de 1980 e no início da década de 1990, seu sistema de desenvolvimento de carreira foi efetivamente torpedeado. A Chevron não podia mais, de modo verossímil, prometer um desenvolvimento de carreira porque isto significaria uma mobilidade para cargos mais altos. Então, a empresa mudou a sua ênfase para o enriquecimento de carreira, um sistema pelo qual os funcionários são incentivados a desenvolver novas habilidades e a ocupar cargos não tão altos (permitindo uma mobilidade lateral), mas que podem aumentar a satisfação no trabalho e a eficiência.

Treinamentos e transferências são voluntários, e nenhum aumento de salário ou promoção está garantido, mas o sistema recentemente implementado permite aos trabalhadores da Chevron procurar atividades recompensadoras.[4] O enriquecimento de carreira é, sem qualquer dúvida, uma solução transitória, mas parece ser ótima, dadas as dificuldades da Chevron.

Um programa de rotação de funções

Este mesmo princípio de simultaneamente atender os desejos do funcionário e as necessidades da empresa é a base formal dos programas de "rotação de função", um sistema no qual os trabalhadores trocam periodicamente de uma função para outra do mesmo nível. Há muito considerado um modo de diminuir o tédio e aumentar a motivação, a rotação de função também pode atender, em certo sentido, as necessidades do funcionário por um sentimento de satisfação na carreira. Um recente estudo do programa de rotação na Eli Lilly & Cia. encontrou esses resultados: a rotação de função voluntária dos funcionários na Lilly aumentou e melhorou as habilidades da mão-de-obra, enquanto também melhorava a satisfação dos funcionários que escolheram participar dos programas quanto à sua carreira.[5] Na realidade, alguns custos são gerados para tal sistema operar, incluindo o tempo para o funcionário aprender, custos de treinamento, erros dos que empreendem novas funções e o natural rompimento do fluxo de serviço. Mas, na verdade, são investimentos. O retorno aparece tanto para a empresa, principalmente na forma de uma mão-de-obra altamente qualificada, quanto para o funcionário, que experimenta uma satisfação no trabalho e na carreira.

A rotação de função e o conceito mais amplo de crescimento na sua própria função não são necessariamente uma panacéia no desenvolvimento do funcionário. Mas onde a promoção é limitada, tais alternativas dispõem para os funcionários algum controle sobre a extensão de seus desejos de desenvolvimento de carreira.

CONHEÇA E REAJA ÀS ASPIRAÇÕES DO FUNCIONÁRIO

Para cultivar uma cultura de compromisso por parte dos funcionários, os gestores devem mostrar que a empresa também está comprometida com eles. Um modo de fazer isto é investir algum tempo perguntando aos subordinados sobre as suas aspirações de carreira. Uma maneira ainda mais poderosa é efetivamente projetar programas sob medida para os funcionários e ajudá-los na implementação. Fazendo assim, dá-se a entender aos funcionários que eles permanecerão na empresa por um grande período. Pode lhes dar uma sensação de que pertencem ao grupo. E também pode restabelecer o significado do trabalho da pessoa, um resultado que beneficia a produtividade de uma maneira que o salário simplesmente não consegue.

Há um valor genuíno em ser sensível às aspirações de carreira dos funcionários em todos os níveis – valor para o funcionário e para a empresa. Por outro lado, a insensibilidade e a indiferença geram resultados prejudiciais. Provérbios ensina que um gerente é sábio ao se lembrar que a esperança adiada e o desejo atendido produzem efeitos significativamente diferentes. Ao satisfazer os desejos, o gerente dá ao funcionário uma maior esperança, e a empresa colhe um trabalhador mais comprometido e mais contente.

Parte 4

Avaliação e Premiação de Desempenhos

Décimo Terceiro Princípio

Avalie o Desempenho de Forma Precisa

Um a um, agentes do Serviço Interno de Receita sentaram-se atrás de um biombo que os encobria da vista pública, cada um testemunhado práticas mais cruéis que seu antecessor. Um a um, com vozes eletronicamente alteradas para preservação de sua identidade, eles contaram ao Comitê Financeiro do Senado Americano verdadeiras histórias de horror a respeito da pressão feita por seus superiores para que fossem extremamente zelosos em reforçar a Lei, inclusive privando os cidadãos pagadores de impostos de seus direitos. Ao término da sessão, seis testemunhas haviam contado histórias, corroborando a idéia de uma Agência Federal que estava fora de controle.

Foi, então, dado tempo para que os comissários do Serviço Interno de Receita respondessem. Em vez de estabelecer uma disputa de alegações, o comissário Michael P. Dolan testemunhou, de forma contrita: "Eu não vim aqui para negar coisa alguma. Aborrece-me muitíssimo ver os erros que cometemos."

A extensão desses "erros" foi oficialmente divulgada alguns meses após a posse do novo comissário, Charles Rossotti. O relatório interno de Rossotti indicava que o culpado primário pelos enganos na agência era o seu sistema de avaliação de desempenho. A agência, segundo Rossotti, avaliou seus funcionários no que se refere ao grau de agressividade no recolhimento de impostos atrasados e na avaliação de propriedades. Além disso, os 33 oficiais distritais também eram classificados de acordo com o montante de dinheiro que cada um havia conseguido recolher. Os agentes eram incentivados a inflacionar seu desempenho pessoal, bem como o de seu próprio escritório distrital, para melhorar a posição nacional, o que propiciava uma atitude ameaçadora e abusiva em relação aos cidadãos que estavam em atraso com o pagamento de suas taxas relativas ao Imposto de Renda. Porém, o relatório interno da agência apontou que o sistema de avaliação de desempenho não media o nível ou a qualidade do serviço oferecido aos cidadãos que estavam em dia.[1]

Neste ano de 1997, um relatório de auditores culminou na humilhação pública do Serviço Interno de Receita e de seus grandes gestores. Mesmo admitindo-se que seu objetivo tenha sido expresso – arrecadar impostos que estavam em atraso –, o mecanismo através do qual eles perseguiam sua meta estava mortalmente defeituoso.

É difícil declarar o poder que o sistema de avaliação de desempenho de uma organização tem. Assim como as experiências com o Serviço Interno de Receita deixam claro, a forma como a gerência mede o desempenho gera um impacto direto no comportamento do funcionário. E isto pode estabelecer as suas prioridades, determinar a sua motivação, regular a qualidade ou a velocidade de seu trabalho e influenciá-lo, quer ele permaneça na organização ou não.

Na verdade, esse sistema é tão fundamental que, quando falha, muitos outros sistemas de gerenciamento de funcionários falham a seguir. Por exemplo, como uma companhia remunera o desempenho se ela não o mede verdadeiramente? Ou ainda: sem medir o desempenho devidamente, com que critérios a gerência promove ou dispensa funcionários? Como o gerente defende a disciplina relacionada ao desempenho? E como o gerente pode fornecer *feedbacks* construtivos a respeito do desempenho, realizar treinamentos mais apropriados e tomar decisões quanto ao desenvolvimento dos funcionários?

A resposta é: às cegas. Apesar de a avaliação de desempenho ser um instrumento essencial para implementar muitos dos objetivos do negócio (como, por exemplo, recolher impostos em atraso),[2] o tempo e a despesa necessária para medir o desempenho de forma precisa geralmente exige o desenvolvimento de um sistema eficaz. Da mesma forma, o processo de avaliação dos funcionários tem sido duramente criticado. Ele ainda alimenta os quadrinhos de humor dos jornais e, mais recentemente, audiências no Congresso.

"Válido" é o termo atual para dizer que o sistema mede aquilo para o qual foi desenvolvido. E a avaliação precisa é um conceito que Deus considerou muito importante, a ponto de mencioná-lo em sua Palavra.

PROVÉRBIOS A RESPEITO DE AVALIAÇÕES PRECISAS

Em um provérbio que contém uma imagem forte e um verbo ainda mais poderoso, aprendemos um princípio fundamental a respeito de avaliações precisas:

> *Balança enganosa é abominação para o SENHOR, mas o peso justo é o seu prazer.*
>
> *PROVÉRBIOS 11:1*

UMA FORMA DE FRAUDE E ROUBO

A menção a "balança enganosa" é prática, não exagerada, já que desde os tempos do rei Salomão o sistema de trocas estava calcado nos metais preciosos, como o ouro, a prata e o cobre, como formas de câmbio.

As transações requeriam que o mercador pesasse os metais dos clientes em uma balança que consistia de dois pratos. Eles ficavam suspensos por cordas no fim das extremidades de uma vareta horizontal. O mercador deveria colocar uma quantidade definida de peso em um dos pratos e os metais no outro, até que ambos estivessem equilibrados.

Esta alternativa de comércio, naturalmente, propiciava aos mercadores uma ampla oportunidade de lesar seus clientes. Apesar de a maioria dos pesos terem uma inscrição visível, mostrando a sua magnitude, o cliente não tinha nenhuma garantia de que as inscrições dos pesos do mercador eram precisas. Portanto, negociantes nômades passaram a carregar consigo seus próprios pesos para a realização dos negócios. Outros, porém, poderiam facilmente ser lesados por mercadores inescrupulosos que empregavam "balança enganosa".

Através dessas experiências (ou daquelas de seus amigos), o público original sabia exatamente o que o provérbio queria dizer quando foi feita a alusão às "balanças desonestas". Este engano da forma de medição foi intencional, e, portanto, caracterizou fraude e roubo. Alguém foi enganado em seu dinheiro. Por esta razão, Provérbios 11:1 nos diz que esta prática é abominada pelo Senhor.

As consequências de subestimar ou superestimar os funcionários

Da mesma forma, quando um gerente erra em seu julgamento do desempenho humano, seja intencionalmente ou não, ele está, em essência, usando uma balança desonesta. Algumas vezes, ele pode subestimar o desempenho do trabalho de um indivíduo, e, portanto, estará desvalorizando sua contribuição. Os resultados da subestima geralmente são a redução no potencial desta pessoa ou a limitação de suas oportunidades de promoção. Subestimar pode, inclusive, em casos extremos, levar a uma demissão. Não é demais reforçar que, quando o gerente subestima o desempenho de um funcionário, a *balança* deste gestor alija o funcionário dos resultados mais valorosos de sua função.

Provérbios 3:27 complementa este ponto. Ele afirma:

> *Não te furtes a fazer o bem a quem de direito, estando na tua mão o poder de fazê-lo.*
>
> *PROVÉRBIOS 3:27*

Este versículo fala claramente ao gerente que negligencia ou deprecia a produtividade de um subordinado. O gerente que subestima o trabalho do funcionário está subtraindo alguma coisa boa – um elogio (e seus respectivos reflexos) – daquele que o merece. A seguir, é dito que o gerente cristão, quando tem o "poder de ação" na classificação de seus subordinados, é instruído a evitar a depreciação muito rigorosa.

Porém, a *superestima* do desempenho do funcionário não é melhor, já que ela pode efetivamente enganar a própria organização. Como mencionado anteriormente, o sistema de avaliação de desempenho alimenta todas as funções gerenciais dos funcionários. Portanto, superestimar sistematicamente as pessoas pode aumentar o custo de compensações indevidas, mascarar a identificação do melhor ou mais adequado para uma promoção, minar iniciativas de treinamento e desenvolvimento, incentivar os funcionários a continuar cometendo os mesmos erros e criar sérias dificuldades legais e administrativas, nos casos de dispensa ou redução de mão-de-obra.

O jargão corrente para superestima é "tendência à leniência", uma inclinação a ser muito *bonzinho* durante uma avaliação de desempenho. Há 3.000 anos atrás, o termo usado nos provérbios era "mimar".

> *O escravo que é mimado desde criança um dia vai querer ser dono de tudo.*
>
> *PROVÉRBIOS 29:21 (NTLH)*

Independentemente do uso do termo "mimar" ou da expressão "tendência à leniência", as conseqüências ainda são negativas. E apesar do *desgosto* potencial para a organização, precipitado por tal leniência, este princípio continua a ser usado entre os chefes inimigos da avaliação de desempenho precisa.

Na prática, porém, alguma coisa é compreensível. Os administradores encaram a avaliação de desempenho como algo sem importância, uma tarefa administrativa que resulta em perda de tempo e, mais precisamente, um fardo a ser carregado. Não apenas envolve a chatice dos formulários e entrevistas, como também os funcionários podem ficar muito magoados com um retorno negativo (especialmente se o aumento de salário, a promoção ou a carreira de alguém estiver no alvo). Além disso, em vários casos, os objetivos das avaliações de desempenho individuais são inacessíveis ou, simplesmente, indisponíveis. Assim, os administradores freqüentemente fazem *terrorismo* quanto à avaliação, e o processo se esvazia – uma atitude que é denunciada pelo título de um artigo de primeira página do *The Wall Street Journal:* "Agonia anual: é hora de avaliar seu trabalho, e todos os envolvidos estão desesperados."[3]

Não é de se admirar, então, que tantos gerentes optem pela "tendência à leniência" e concedam a todos notas de alto desempenho. É um expediente que preserva as relações e, em última análise, não requer defesa. Todos estão fazendo um grande trabalho. Mas agora vamos passar a coisas mais importantes.

O gerente cristão deve reconhecer que não se trata necessariamente de como Deus vê o processo de avaliação. Como Provérbios 11:1 nos lembra, Deus regozija-se quando nós, em seu nome, usamos "peso justo" na medição das coisas que são importantes para os outros – como desempenho individual no trabalho, entre outras. Da mesma forma, é a implementação deste ensinamento que agora vamos enfocar.

MEDINDO O DESEMPENHO DE FORMA MAIS PRECISA

É muito fácil se perder em todas as alternativas de medição e avaliação de desempenhos que surgiram nos últimos anos. Tanto em livros acadêmicos quanto nos títulos mais populares é possível ler a respeito desses sistemas, como "360 avaliações", "distribuição induzida", "administração por objetivos" e "classificação calcada em comportamentos". Além do mais, muitas das maiores corporações do mundo usam estas alternativas para avaliar. Porém, a velocidade de mudança das idéias a respeito da avaliação de desempenho faz com que os gerentes fiquem desconfiados das sistemáticas atuais e de sua utilidade ou aplicabilidade a longo prazo.

Por esta razão, em vez de defender qualquer alternativa como um modelo, apresentamos abaixo algumas sugestões que qualquer gerente pode usar para medir o desempenho de maneira mais precisa.[4]

IDENTIFIQUE O ALVO

Em 1933, um jogador de boliche chamado Bill Knox solicitou que um biombo fosse colocado na pista, de modo a bloquear a sua visão dos pinos. Então Bill jogou dez partidas de boliche, enquanto um público curioso e repórteres o observavam. A partir de um ângulo, eles podiam ver toda a ação real; o jogador de boliche conseguia apenas ouvir os pinos caírem.

Avaliar o desempenho sem ver o alvo é mais ou menos como se sentar atrás de Bill na mesa de pontuação e tentar adivinhar quantos pinos Bill havia conseguido derrubar em cada arremesso sucessivo. A incapacidade de enxergar os pinos faz com que o responsável pela pontuação cometa erros. Da mesma forma, o gerente não pode ter certeza de que um subordinado está acertando um alvo determinado até que este gerente tenha uma visão desobstruída do referido alvo. As implicações são: 1) tarefas, 2) comportamentos e 3) resultados esperados associados a cada trabalho devem ser enumerados para que alguém possa fazer a classificação.

A coleta desta informação, tipicamente denominada "análise de trabalho", é geralmente de responsabilidade do departamento de Recursos Humanos (RH). Esta é uma daquelas funções que o RH sabe que deveria ser feita, porém, devido ao orçamento e restrições de pessoal, raramente chega a ser implementada.[5]

Esta negligência, naturalmente, não elimina a necessidade de avaliação. Gerentes ainda precisam identificar o alvo do desempenho antes de tecer conclusões a respeito do nível de extensão de metas alcançadas. Em várias organizações, para uma medição de desempenho mais precisa, pode ser necessário que o gerente incumbido da classificação assuma a responsabilidade de conduzir a análise de trabalho para cada função sobre a qual tenha a autoridade supervisora.

Não existe outra forma melhor do que esta, mas é óbvio que, quanto mais formais e detalhadas, mais as análises geram dados precisos, e as metas de desempenho ficam mais claras do que aquelas aplicadas à base de teorias. Portanto, o desenvolvimento e o uso de questionários com os funcionários e as entrevistas de grupo tendem a ser mais eficazes do que uma ampla descrição de cargos e responsabilidades feita casualmente pelo gerente com base em suas lembranças. Além disso, a análise de cargos deve ser atualizada quando novas estratégias de negócios pressupõem envolvimento, fusão ou mudanças nas funções.

Desconsidere este primeiro passo em direção à elaboração de um sistema de medição de desempenho preciso e você estará pontuando no escuro. Quantos pinos Bill Knox acertou naquele dia, em 1933? Poucos avaliadores imparciais teriam sequer adivinhado que ele fez uma partida perfeita de boliche![6]

MANTENHA UM REGISTRO PARA CADA SUBORDINADO

Quem nunca saiu de uma reunião de revisão de desempenho pensando que o patrão tem uma memória seletiva? Ou, talvez, não tenha memória para fatos anteriores àquele mês particular? Na maior parte das organizações, o desempenho dos funcionários é medido anualmente ou semestralmente. Muitas coisas podem acontecer neste tempo, mas sem alguém que se responsabilize pelo recolhimento e pelo arquivamento de informações a respeito de cada subordinado, no momento da avaliação fica difícil lembrar de tudo se não houver arquivos a respeito do desempenho do avaliado.

Sem documentação, medir periodicamente o desempenho de um funcionário é como fazer uma prova na escola após passar um semestre inteiro sem fazer anotações nas aulas. É como tentar explicar os pontos principais dos sermões do pastor dos últimos meses sem nunca ter escrito uma palavra a respeito deles. Agora, multiplique isto por várias provas escolares ou vários pastores, e pode-se ter uma vaga idéia do que seria avaliar o desempenho dos nossos subordinados sem recolher e guardar dados. Neste caso, isto se torna mais uma conjectura do que uma história.

Por várias décadas, a pesquisa tem demonstrado que a coleta e o registro regulares de informações a respeito dos funcionários melhora a precisão no processo de medição de desempenho.[7] Uma recomendação prática para esta pesquisa crescente é que os gerentes mantenham um diário ou uma ficha de desempenho do subordinado. Experimentos de campo e de laboratório têm demonstrado que os diários de desempenho não apenas melhoram a memória, mas também a precisão da avaliação, assim como minimizam a "tendência à leniência" e outras tendências discutidas abaixo.[8] Além disso, segundo os estudos indicam, diários organizados por funções (ou seja, uma seção para cada funcionário) são melhores do que aqueles organizados por tarefas ou que sejam desorganizados.

As conclusões de bom senso são no sentido de que, para suprir sua necessidade de informações a respeito dos funcionários e maximizar a precisão, considere a possibilidade de adotar o hábito de manter arquivos detalhados e atualizados do desempenho dos subordinados.

CUIDADO COM AS TENDÊNCIAS

Mesmo quando um gerente claramente identifica as metas de desempenho e diligentemente comunica o progresso dos funcionários em direção a tais objetivos, uma medição válida ainda pode ser ameaçada pelas várias tendências próprias da condição humana. Há muito trabalho empírico, mas as conclusões centrais geralmente reduzem-se a alguma coisa que todos sabemos por intuição: os erros, intencionais ou não, pela quase freqüente transgressão dos parâmetros de precisão do sistema de avaliação de desempenho.

Já discutimos a "tendência à leniência" e como ela tem relação direta com a precisão. Porém, além dela existe o acolhimento de outras tendências que prejudicam a validade da medição. O quadro 4 apresenta uma sinopse das mais comuns.

QUADRO 4

TENDÊNCIAS COMUNS NA AVALIAÇÃO DE DESEMPENHO

TIPOS DE TENDÊNCIAS	DEFINIÇÃO
Padrão dúbio	Um problema comum, identificado quando o gerente usa um critério diferente para lidar com situações semelhantes entre seus subordinados.
Tendência recessiva	O engano de dar mais peso ao desempenho recente e prestar pouca atenção ao equilíbrio das ações registradas do funcionário.
Tendência de prioridade	Similar à tendência recessiva, neste caso se refere ao engano de dar mais peso às primeiras informações sobre o funcionário, a despeito de outras. Neste caso, o gerente faz um julgamento inicial a respeito do funcionário e, a partir de então, passa a objetivamente coletar informações a respeito de seu desempenho que confirmem o julgamento inicial.
Tendência à leniência	É geralmente um engano intencional, já que todos os subordinados são classificados com muita clemência.

Seqüência/efeito-contraste	Ocorre quando a classificação do gerente a respeito de um funcionário é influenciada pela qualidade da classificação prévia. Um parâmetro médio que, em comparação a um funcionário mais fraco, fará com que o primeiro pareça excepcional, mas quando seguido por um funcionário com alto desempenho, o mediano será identificado como fraco.
Engano da auréola	Acontece quando um funcionário é tão excepcional em todos os aspectos que o gerente classifica o desempenho como alto em todas as dimensões. É como se o funcionário tivesse uma auréola de santo, e, aos olhos do gerente avaliador, não erra nunca.
Engano do chifre	Como o nome indica, este é o outro lado da tendência ao engano da auréola. Os desempenhos negativos do funcionário em qualquer área são injustamente avaliados pelo gerente.
Tendência central	Classificação de todos os subordinados como medianos, quando, na realidade, o desempenho deles é diferente.
Preconceito do avaliador	Ocorre quando as classificações de desempenho são influenciadas por critérios como etnia, gênero, idade, religião, experiência e outras classificações arbitrárias.

Toda vez que seres humanos estão avaliando seres humanos, há um vasto potencial para uma destas tendências. Este aspecto pode ser um problema especialmente pernicioso e caro porque, não importa quão sofisticado o sistema de avaliação de desempenho possa ser, se ele não for usado adequadamente no momento da decisão, todo o sistema poderá ruir.[9] Além disso, já que a maioria desses enganos conceituais é cometida inconscientemente, eles são difíceis de ser corrigidos sem uma tentativa deliberada. Da mesma forma, para melhorar a precisão de qualquer avaliação de desempenho, *as pessoas não somente devem estar conscientes das possíveis tendências, mas também precisam evitá-las quando estiverem avaliando subordinados.*

O Papel e Esforço do Gerente

Independentemente de como o sistema de avaliação opera formalmente em uma organização determinada, a avaliação precisa do desempenho dos subordinados é um assunto que depende grandemente de cada gerente, em particular. Estas são as boas notícias para os cristãos que enxergam isto como uma vontade do Senhor para que as pessoas sejam avaliadas de forma justa e precisa.

Porém, isto envolve um investimento de tempo significativo. Toma mais tempo analisar funções, manter este tipo de informação atualizada, manter registros do desempenho dos funcionários e rejeitar conscientemente as tendências. Mas é natural ser uma testemunha de seu ambiente de trabalho. O investimento acima da média no tempo gasto com as pessoas faz parte da diferença cristã, parte do sacrifício herdado na fé.

Portanto, é para a glória de Deus que regularmente calibramos nossos instrumentos e escrutinamos nossos critérios de medidas – nossos "pesos", no vernáculo antigo. As balanças cristãs são honestas e precisas.

Décimo Quarto Princípio

Seja Cuidadoso ao Criticar

Willie Woods, eletricista e técnico em conserto de rádios na cidade de Los Angeles, não ficou feliz com uma carta que recebera de seu patrão. A nota dizia que ele deveria comparecer a uma audiência interna para responder formalmente a questões relativas à qualidade de seu trabalho.

Seis meses antes, em sua avaliação anual, seus supervisores haviam levantado questões parecidas, e, por várias vezes, Woods havia sido advertido a respeito de seu desempenho. Aparentemente, ele ficou ainda mais irado com algumas dessas discussões. Uma delas terminou com Woods atirando uma cadeira na sala; em outra oportunidade, ele rasgou sua folha de avaliação de forma ostensiva. Num terceiro episódio, ele sentou-se, sombrio e silencioso, enquanto seus supervisores diziam que ele precisava se enquadrar, com urgência.

Agora, diante da possibilidade de encarar uma audiência que poderia resultar em demissão, Woods procurou apelar da maneira mais dura possível. Às 10h da manhã do dia 19 de julho de 1995, ele entrou no Erwin Piper Technical Center, seu local de trabalho, para confrontar os administradores a respeito do que o representante de seu sindicato havia descrito como um sentimento de "perseguição e isolamento". Após uma troca inicial de palavras agressivas, Woods foi até seu armário e voltou momentos depois com uma pistola semi-automática Glock 9mm. Ele localizou o supervisor do escritório Anthony Gain, o funcionário mais antigo da cidade, com 53 anos de serviço, apontou a arma para ele e atirou. Woods então virou-se, identificou o supervisor Marty Wakefield e atirou novamente.

Descendo um lance de escadas, ele viu seus supervisores imediatos, James Walton e Neil Carpenter. Ambos estavam no escritório naquele dia, e foram atingidos sem piedade, um em seu escritório, o outro no corredor.

Dois policiais da Unidade de Gangues do Departamento de Polícia de Los Angeles, que estavam no prédio cuidando de outros assuntos, ouviram os estampidos e perseguiram Woods até uma área aberta nos fundos do prédio. Woods rendeu-se a eles sem qualquer resistência e, mais tarde, foi condenado à prisão perpétua. Nenhuma das quatro vítimas chegou viva ao hospital.[1]

A carnificina no prédio de escritórios em Los Angeles ilustra claramente uma realidade básica a respeito da administração de desempenho dos funcionários: dar uma notícia negativa é sempre uma tarefa difícil. Apesar de poucos funcionários chegarem a extremos como o uso de armas, a maioria realmente experimenta uma sensação de ansiedade e raiva na hora de lidar com críticas. A repreensão os atinge no fundo de seus egos. Muitos funcionários acham que a avaliação negativa os deixa constrangidos; com freqüência, eles a consideram injustiça ou falta de consideração, e, como discutido anteriormente, no Décimo Terceiro Princípio, pode lhes custar uma soma considerável em benefícios e estabilidade no emprego. Portanto, eles reagem – às vezes, construtivamente; mas, geralmente, de forma negativa.

Um recente estudo na Universidade Temple confirmou a dimensão do problema. Numa pesquisa com 151 gerentes de área na Filadélfia, 98% relataram algum tipo de atitude agressiva como reação ao relatório negativo de desempenho que eles haviam fornecido. Os comportamentos variaram de um tratamento na base do silêncio até emboscadas, com dois terços das reações dos trabalhadores sendo, basicamente, de natureza verbal.[2]

Todavia, ainda que dar uma informação desagradável a um funcionário pouco acessível seja uma tarefa difícil tanto para gerente como para funcionário, sob a perspectiva do desempenho, isto precisa ser feito. Além disso, por uma questão de segurança, isto deve ser feito de forma diplomática. Na década de 1990, a mídia norte-americana registrou mais de 20 assassinatos em locais de trabalho com alto padrão de exigência.[3]

Por conta disso, os empregadores convidam, com freqüência, consultores para que auxiliem os gerentes a comunicar relatórios de desempenho negativo aos funcionários de uma maneira mais eficaz e cuidadosa. Para aqueles que preferem formas de aconselhamento que transcendem a questão técnica, há muito material disponível, sem custo, vindo diretamente do Consultor Divino.

Provérbios para Comunicar um Mau Desempenho

O livro de Provérbios oferece-nos três tipos de ensinamentos articulados com a questão da crítica no local de trabalho. Para aqueles que precisam colocar isso em prática, eles nos guiam a respeito do que deve ser feito antes, durante e após a comunicação do problema ao subordinado.

Antes de comunicar o problema

Antes de pronunciar qualquer palavra crítica, Provérbios 20:5 nos lembra a respeito da atitude de humildade e paciência que devemos ter ao trazer o problema para discussão:

> *Como águas profundas, são os propósitos do coração do homem,*
> *mas o homem de inteligência sabe descobri-los.*
>
> *Provérbios 20:5*

Por que esta pessoa está tendo um desempenho inferior? Por que ela tem faltado com tanta freqüência? Qual é a razão para a sua insubordinação? Gestores freqüentemente concluem que têm as respostas para estas questões, e então, de forma unilateral, agem de acordo com aquilo que acreditam. No entanto, esta maneira de abordar a questão pode ser precipitada, segundo a Bíblia. Como gerentes, não temos as respostas sempre.

"Os propósitos do coração do homem" – seus planos, suas razões e seus motivos, na linguagem atual – são "águas profundas". O último termo aparece freqüentemente no Antigo Testamento com a conotação de mistério e inescrutabilidade. Alguma coisa que repousa em águas profundas está escondida, e é difícil de ser descoberta. Salomão usava esta metáfora para indicar que a verdadeira justificativa para o comportamento de alguém poderia ser difícil de discernir. No Novo Testamento, o apóstolo Paulo sugere uma cautela semelhante: "Porque qual dos homens sabe as coisas do homem, senão o seu próprio espírito, que nele está?" (1 Co 2:11a).

Com certeza, num ambiente de trabalho, um gerente tem limites. O contato restrito do chefe com o funcionário pode ser um fator de limitação às suas observações. Portanto, o gerente prudente evita tirar conclusões apressadas. Em vez disso, *ele prefere acreditar que possa existir uma razão para as ações do subordinado que ele ainda não levou em consideração.* É com base nessa idéia que ele deve começar a discussão dos problemas com os funcionários.

Como gerentes e como cristãos, nosso próximo passo, como o próprio versículo diz, é pacientemente explorar aquelas águas turbulentas. Apesar de ser uma tarefa complexa, alguém precisa assumir a responsabilidade de identificar as causas mais profundas e as motivações – os propósitos. De acordo com o provérbio, "o homem de inteligência sabe descobri-los".

Através do Livro de Provérbios, o "homem de inteligência" ou "que conhece" é o que respeita e reverencia Deus e procura seguir sua trilha. (Por exemplo, veja 15:21.) Provérbios 20:5b nos revela, então, que um indivíduo com tais atributos pode, de fato, perseverar e trazer à tona tais propósitos: trazer os motivos escondidos para a superfície, como se alguém os tirasse de um poço fundo. Isto é possível. Porém, resgatando a verdade da primeira metade do provérbio, *para realizar a tarefa de trazer à tona das águas o que está oculto, é necessário primeiro que tenhamos humildade e paciência para ouvir e para cuidar.* O gerente deve encarar qualquer repreensão ao subordinado com a mente aberta para o fato de que será uma conversa, em vez de uma palestra ou uma aula. O objetivo é fazer perguntas a partir de uma atitude de compreensão, em vez de repreender instantaneamente.

Portanto, o sentido do versículo é este: antes que o cristão expresse uma palavra de crítica, deve estabelecer uma base construtiva ao adotar uma atitude apropriada.

Na hora de falar dos problemas

Se essa atitude é adotada, a implementação do próximo ensinamento é quase natural. Provérbios nos lembra que, quando chega o tempo de falar com um subordinado, existe poder nas palavras que usamos:

> *Alguém há cuja tagarelice é como pontas de espada, mas a língua dos sábios é medicina.*
>
> *Provérbios 12:18*

A escolha das palavras tem o poder de enfurecer ou amenizar. Ou seja, a maneira pela qual informamos nossa preocupação e insatisfação pode determinar grandemente a trajetória de uma conversa: mais intensa ou mais cordial. Se, em algum ponto da conversa, uma imprudência levar a uma atitude anticristã, permitindo que as atitudes ou emoções – talvez frustração, agressividade ou vingança – fujam ao controle e firam como "pontas de espada", a discussão pode rapidamente degenerar e levar a algo contraproducente. O subordinado geralmente revida, com freqüência mais tarde e de forma sorrateira, com suas próprias armas. A tática do trabalhador insatisfeito pode variar da redução de seus esforços e envenenamento da cultura empresarial através de reclamações e fofocas, lesando a organização ou se engajando em inúmeras outras atividades indesejáveis. Qualquer que seja a tática, as pessoas encontram formas para *ficar quites* com seus chefes, o que contribui para aumentar os conflitos.

Se, ao contrário, o gestor é mais cuidadoso com a escolha das palavras e no tom – a disposição que flui da atitude discutida acima –, ele desencadeia o poder para amenizar ou mesmo *cicatrizar* a ferida que poderá ser aberta. Este é o caminho da sabedoria, a trilha da diplomacia. Em provérbios semelhantes, este é o caminho do equilíbrio (por exemplo, Pv 17:27) e gentileza (por exemplo, Pv 15:1). É desta forma que Tiago, à sua moda, nos aponta para seus ensinamentos: "Se alguém supõe ser religioso, deixando de refrear a língua, antes, enganando o próprio coração, a sua religião é vã" (Tg 1:26). Ao informar ao funcionário que seu desempenho foi negativo, rejeite a imprudência. Em vez disto, fale com o que o provérbio chama "a língua dos sábios".

DEPOIS DE FALAR DO PROBLEMA

Uma vez que o chefe tenha determinado que problema existe e tenha encontrado sua raiz, o que se segue é a questão do remédio. Geralmente, o chefe falará a seu subordinado o que espera dele no futuro, e talvez mencione algumas conseqüências, caso não sinta que houve um comprometimento com a melhora no desempenho. Mas Provérbios 29:19 ensina que nem sempre isto pode ser suficiente.

> *O servo não se emendará com palavras, porque, ainda que entenda, não obedecerá.*
>
> *PROVÉRBIOS 29:19*

Muitos conhecem a verdade deste versículo a partir de repetidas experiências frustrantes. As expectativas estabelecidas na entrevista de motivação de novembro podem parecer uma memória distante no período do Ano Novo. A melhor maneira de agir, segundo o versículo, é prosseguir com algo além das meras "palavras".

Dependendo da situação, isto pode envolver quase qualquer coisa, desde atitudes mais pesadas (por exemplo, rebaixamento, supervisão mais ostensiva, advertências de última chance) até as mais producentes (tais como retreinamento, reabilitação, capacitação). Como foi mencionado nos princípios 8 e 12, a parte mais pesada pode ser deixada para um segundo momento, mas como o princípio 19 irá detalhar, as Escrituras não mandam que funcionários sejam retidos indefinidamente. Da mesma forma, não existe fórmula matemática para remediar a situação; em vez disto, deve ser desenvolvida uma solução na interseção das necessidades de ambos, organização e funcionário. Importante, porém, é usar alguma coisa a mais do que meras "palavras" para que este remédio tenha efeito.

Algumas Dicas da Pesquisa e Prática

Um consenso entre livros, diários e revistas

Em sentido amplo, a Bíblia nos oferece aconselhamento para que possamos fazer críticas negativas. Como foi visto, ela nos fornece princípios gerais a respeito de atitudes, diplomacia e ações paliativas que implicam – ainda que a Palavra de Deus não os elabore – detalhes de sua implementação diária.

Por outro lado, a literatura secular nesta área tende a abordar o oposto: mais as práticas diárias do que os princípios. E como num intercâmbio, os livro de textos, jornais escolares e as revistas práticas parecem todos fornecer conselhos semelhantes aos de "como dar a notícia sobre um desempenho negativo".[4] O mais interessante é que essas conclusões práticas parecem ser inteiramente coerentes com o modelo proverbial, o que as torna especialmente dignas de nota para o gerente cristão.

Dez dicas para comunicar um desempenho negativo

Os dez elementos mais freqüentes na literatura especializada são os seguintes:

1. *Faça isso de modo particular.* Criticar publicamente o trabalho de um funcionário ou seu comportamento é uma forma de humilhá-lo. Principalmente em uma sociedade de espíritos armados, como a nossa, pode inclusive levar a processos por difamação. Ao contrário da prática de oferecer prêmios, a qual deve ser feita publicamente, sempre que possível, discussões a respeito das deficiências de alguém devem ser feitas em caráter particular, e assim permanecer.
2. *Faça isso pessoalmente.* É geralmente um erro fornecer críticas pelo telefone, por e-mail ou algum outro tipo de veículo impessoal. Apesar de estas opções serem tentadoras, devido à natureza pouco agradável da discussão, conversas cara-a-cara permitem que o gerente observe a linguagem corporal do funcionário (a qual é, geralmente, mais explícita do que a verbalizada). Isto pode ajudar o gerente na difícil tarefa de identificar a raiz dos problemas. Da mesma forma, discussões pessoais permitem que o funcionário observe mais claramente a preocupação do gerente com ambos: a empresa e o funcionário.
3. *Vá direto ao ponto.* Muitos funcionários podem sentir quando o chefe tem uma questão a ser tratada com eles. Portanto, quando o chefe chama o funcionário, mas pisa em ovos para dizer o que realmente lhe vai à cabeça, isto é, ao mesmo tempo, transparente e frustrante para o funcionário.
4. *Fale com o funcionário de seu desempenho negativo dentro de um contexto de desempenho positivo.* Especialmente nos encontros anuais de revisão de desempenho, é essencial que o funcionário entenda que seu gestor enxerga não apenas as deficiências, mas também a contribuição do funcionário para a organização. Para comunicar isto, uma forma gerencial padrão poderia ser: "Penso que você está se saindo muito bem em 88% do trabalho que lhe foi designado. No entanto, o que vamos discutir nos próximos minutos é a respeito dos outros 12%." Fora dos encontros formais, os mesmos princípios se aplicam. Quando disciplinando ou corrigin-

do um subordinado, procure formas de contrastar o comportamento negativo com alguma coisa positiva que possa ser destacada.

5. *Use mais o pronome "eu", e não "você".* Falar na primeira pessoa é um instrumento fantástico para mitigar a atitude defensiva do funcionário. Estruture suas críticas em termos de como você, o gerente, se sente, em vez do que o subordinado fez. Afirmativas do tipo "eu tenho algumas preocupações a respeito de suas metas de vendas" tendem a ser menos ofensivas para os ouvidos que estão escutando do que "você não está atingindo as metas de vendas de que precisamos". Da mesma forma, dizer "eu não estou entendendo esta seção de seu relatório" é mais digerível do que "você não está sendo coerente nesta parte de seu relatório". A primeira abordagem comunica essencialmente a mesma informação que a segunda, mas coloca algum ônus no gerente crítico, em vez de despejar tudo no subordinado.[5]
6. *Seja específico.* Esqueça as críticas (como, por exemplo, "o seu desempenho está muito abaixo da média") que não contribuem para os objetivos finais de gerenciamento, bem como não tornam o retorno positivo para quem o está recebendo. Em vez de classificar o desempenho ("muito abaixo da média"), seja específico a respeito do que é esperado e contraponha este objetivo com os fatos relativos ao desempenho do funcionário, identificando o que foi alcançado e o que não foi. A identificação para o funcionário da lacuna existente entre as expectativas da administração e o seu desempenho coloca de forma mais clara o problema que precisa ser abordado. Além do mais, cria as bases para uma discussão futura mais construtiva sobre como construir uma ponte sobre a lacuna.
7. *Atenha-se aos fatos.* Ater-se aos fatos é ser objetivo e evitar julgamentos especulativos a respeito das causas do mau comportamento ou da baixa produtividade. Em vez disto, pergunte ao funcionário a respeito das razões para o seu comportamento ou desempenho, e então escute sua resposta com disposição.

8. *Não enfie o dedo na ferida.* Em toda e qualquer discussão, não há necessidade de repetir as críticas. O funcionário entende a idéia. Além disso, se possível, atenha-se a um problema por discussão e evite reviver problemas velhos que já foram solucionados. Os funcionários geralmente percebem esta superposição de críticas como desnecessária e injusta.
9. *Em conjunto, construam uma solução.* Após apresentar o relatório negativo, envolva o funcionário na solução do problema. Um funcionário auxiliado a construir uma solução pode tornar-se mais comprometido a alcançá-la do que aquele que tem a solução simplesmente jogada sobre si. Aborde o problema ponto a ponto e estabeleça metas, definidas por acordo comum, como parâmetros que servirão de linhas mestras para uma avaliação de desempenho futura. Se for o caso, construa um projeto de plano de desempenho conjunto de modo a adequá-lo ao perfil do funcionário e guiá-lo na direção adequaada.
10. *Faça isso com regularidade e constância.* O retorno é um meio que deve ser usado mais do que uma ou duas vezes no ano. Na verdade, o ideal seria fazê-lo permanentemente. A partir do momento que o responsável observa o subordinado fazendo alguma coisa fora do desejado (ou dentro do esperado), ele deveria passar esta informação para que ele – funcionário – imediatamente corrijisse o rumo ou reforçasse o comportamento esperado.

O Primeiro Passo: A Atitude Adequada

Dar um retorno negativo é essencial para a melhoria do desempenho do funcionário. Se o chefe não consegue identificar e discutir as áreas que precisam ser melhoradas, como pode esperar que o funcionário realmente melhore?

Apresentamos dez dicas baseadas nas conclusões de vários estudos. Porém, não importa quanta sabedoria o gerente demonstre, toda pessoa é sempre prejudicada se ignora ou não sabe adequar as informações que recebe. A razão para isto é simples: independentemente do desejo pessoal ou do treinamento para uma mudança externa, *o sucesso real nesta área é, em grande parte, determinado pelos aspectos internos.* Dito diferentemente: é difícil para o chefe fornecer críticas regulares e cuidadosas e não se sentir preocupado com o cuidado que precisa ter.

Para o gerente cristão, o desafio começa por examinar a sua própria atitude em relação àqueles que estão apresentando um baixo rendimento ou um comportamento inadequado no trabalho. Será que se trata de uma atitude inicial de impaciência e frustração ou uma atitude de humildade e preocupação servil? Como ele enxerga seu funcionário: como um poço seco ou como águas profundas? A realidade interna vai direcionar, em última instância, a prática externa.

Como sempre, temos opções aqui. Deus nos dá a liberdade para selecionar nossa atitude em relação aos subordinados problemáticos, para selecionar nossas palavras e para selecionar nossas fórmulas corretivas. Talvez não tenhamos todas as soluções para os problemas de comportamento e desempenho, mas sempre podemos abordar o processo de retorno às críticas de modo a honrar ao Senhor.

Décimo Quinto Princípio

Premie os Funcionários com Elogios

Um homem jovem entrou numa lanchonete e pediu para usar o telefone público. A garçonete atrás do balcão apontou para a direita e ficou olhando sorrateiramente, enquanto o homem fazia sua ligação. Uma vez que a chamada foi completada, o jovem informou ao seu interlocutor, com uma voz entusiasmada: "Alô, sr. Anderson. Meu nome é Patrick DeBerg, e eu estava justamente ligando para perguntar se o senhor estaria interessado em contratar um gerente de vendas inteligente, trabalhador para supervisionar sua equipe de *marketing*... Ah! ... Certo ... O senhor já tem um gerente de vendas inteligente e trabalhador? Bem... OK, obrigado de qualquer forma."

O jovem homem caminhou de volta ao balcão com um sorriso maroto em seu rosto, uma expressão que deixou a garçonete perplexa. "De que você está rindo?", ela perguntou, atônita. "Você acaba de ser dispensado!" O jovem respondeu: "Bem, na verdade, não fui. Veja, eu sou o tal gerente de vendas inteligente e trabalhador. Eu só queria ter certeza de que meu chefe também pensava assim."

Esta parábola atual está, por razões óbvias, tornando-se bem conhecida tanto nos púlpitos quanto nas escolas de negócios em todo o país. Pastores e professores gostam de lembrar seus ouvintes de que as pessoas querem saber se as outras reconhecem as suas contribuições. De fato, os funcionários valorizam este reconhecimento mais do que qualquer outra coisa no ambiente de trabalho. Isto não minimiza a importância de outros aspectos, como um salário justo, estabilidade no emprego, trabalho desafiador e interessante e oportunidades de promoção. Mas, além desses fatores motivadores óbvios, as pessoas também precisam saber que estão realizando bem o seu trabalho e que o seu esforço é apreciado.

Esta necessidade é tão forte que, em caso de longos períodos sem elogios, as pessoas encontrarão um caminho para se autoelogiar de modo escancarado. Pense nestas figuras e veja se não parecem bem familiares: será que em praticamente todo local de trabalho não há, pelo menos, uma pessoa que tenha por hábito comentar com as outras o quanto ela é ocupada? Você não costuma ver colegas de trabalho que costumam dirigir a conversa para aquilo que eles alcançaram ou esperam alcançar? Será que alguns de nós, em algum momento, já não sentimos que merecíamos ter recebido uma palavra de reforço positivo de um superior que preferiu ficar quieto? O desejo de reconhecimento é parte integrante da natureza humana.

Ao mesmo tempo, porém, as portas da glória e do prestígio no ambiente de trabalho parecem estar menos disponíveis do que no passado. Embora alguns chefes façam dos elogios parte de suas rotinas, este tipo de pessoa já está na lista das espécies em extinção há algum tempo. Chefes que costumam recompensar funcionários com elogios hoje constituem mais uma exceção do que uma regra, seja porque os gestores são pessoas mais ocupadas atualmente, mais orgulhosas ou porque não entendem que elogiar ou incentivar seja parte de seu trabalho.

Isto é uma tristeza, especialmente porque muitos especialistas têm defendido o uso do elogio ao funcionário como uma ferramenta motivacional sem custo. Torna-se algo ainda mais desapontador se considerarmos que essa recomendação de bom senso já foi feita há cerca de 3 mil anos.

PROVÉRBIOS SOBRE ELOGIOS

O Livro de Provérbios tem muito a dizer a este respeito – um testemunho a respeito da importância do assunto. Particularmente, o livro bíblico aconselha-nos sobre o valor do elogio, bem como a respeito das especificidades de como e quando melhor utilizá-lo. Provérbios contém, pelo menos, cinco lembretes sobre os motivos e as ocasiões apropriadas para elogiar nossos subordinados e colegas. Vamos dar uma breve olhada em cada um.

OFEREÇA UM ELOGIO COMO RECOMPENSA

Sob a perspectiva divina, quão importante é elogiar os outros? Tão importante que o Senhor pontua seu livro da sabedoria com palavras a respeito do valor do elogio. De fato, ele conclui Provérbios com um discurso que aplaude "a mulher virtuosa". Provérbios 31 coroa o Livro de Provérbios; e os seus últimos 22 versículos apresentam uma mulher como aquela para ser admirada, uma pessoa notável sob qualquer ponto de vista.

A mulher celebrada como ideal em Provérbios 31 é aquela que tece fios e lãs, que traz alimentos de grandes distâncias, que cuida de sua família dia e noite e cuida também dos pobres e necessitados. Esta mulher incansável também planta vinhedos e possui um negócio bem-sucedido. Ela fala com sabedoria, e não é ansiosa a respeito de seu futuro. Dados esses atributos tão impressionantes, como alguém pode agradecer a esta mulher? O que ela merece como recompensa? Os últimos dois versículos de Provérbios respondem a essa questão.

> *Enganosa é a graça, e vã, a formosura, mas a mulher que teme ao SENHOR, essa será louvada. Dai-lhe do fruto das suas mãos, e de público a louvarão as suas obras.*
>
> *PROVÉRBIOS 31:30,31*

Dentre as muitas coisas que podem ser ditas a respeito desta passagem, três pontos se destacam para os nossos propósitos aqui. Em primeiro lugar, aprendemos que o elogio a outra pessoa é uma recompensa – mas não uma recompensa qualquer. Elogio é uma recompensa consumada por um trabalho bem feito. Provérbios não discrimina quanto o trabalhador deve ser eficiente para merecer um aumento, um abono, um novo carro ou um fim de semana num spa em Jerusalém. Em vez disso, a recompensa ideal para a mulher ideal é que ela seja elogiada.

Em segundo lugar, o último versículo de Provérbios nos ensina a razão central para que nós não negligenciemos o valor do elogio: ele é algo que alguém conquistou. Ou seja, semelhantemente a um cheque ou uma promoção, o reconhecimento das conquistas dos outros através do elogio é retratado como uma responsabilidade que devemos ter em relação às outras pessoas. A pessoa que merece elogios é *digna* de nosso reconhecimento.

Em nosso contexto cultural atual, é fácil desconsiderar esta noção de reconhecimento de méritos através do elogio, já que pode parecer apenas mais uma das intermináveis listas de competências que as pessoas são obrigadas a ter. Porém, nossa cultura não pode nos cegar diante de uma verdade importante: Deus não entende o elogio aos subordinados como intromissão. Não é exatamente uma alternativa politicamente correta à administração genuína. Ao contrário, o elogio é uma parte integrante do programa divino de motivação e compensação.

ELOGIE PUBLICAMENTE SEMPRE QUE POSSÍVEL

A terceira lição desta passagem é que devemos elogiar uns aos outros "de público". Nos tempos antigos, as cidades eram como fortalezas, construídas com muros muito altos ao seu redor por uma questão de proteção. Os muros eram contínuos, exceto pelos vários portões que eram abertos durante os períodos diurnos ou durante os períodos de luz clara, para permitir às pessoas entrar e sair. Como os portões eram os locais centrais e pelo qual os viajantes se aproximavam, as notícias eram geralmente tornadas conhecidas nesses portões, onde também os negócios eram realizados.

Como era uma área de muito trânsito, Provérbios 31:31 nos ensina que a esposa de caráter nobre deveria ser elogiada "nos portões", como indicam outras versões da Bíblia. *O reconhecimento pelo bom trabalho realizado, segundo o versículo, é melhor se feito em público.* A veneração pública eleva a honra. O elogio garante à pessoa que o recebe algo muito maior do que as próprias palavras elogiosas em si, já que todos passam a saber que aquela pessoa é digna de méritos. Além disso, de acordo com a perspectiva de gerenciamento, o prestígio público também é eficaz porque ele sinaliza claramente para os outros o que constitui o comportamento desejado.

Cristo usava essa abordagem também. Quando ele exaltou Pedro por tê-lo identificado como o Messias, Jesus o fez diante de todos os outros apóstolos (veja Mt 16:17-20). Quando Cristo elogiou uma mulher pecadora por seu arrependimento, estava cercado por fariseus (veja Lc 7:44-47). E quando o centurião demonstrou confiança no poder de Jesus, o Mestre voltou-se para aqueles que o seguiam e disse: "Em verdade vos afirmo que nem mesmo em Israel achei fé como esta" (Mt 8:10). Ao fazer essas coisas, Jesus não apenas validava seu elogio como uma recompensa; ele também fornecia aos cristãos modelos dos comportamentos públicos que devemos imitar.

O elogio deve ser feito no tempo certo

Veja, ainda, que em todas essas circunstâncias Jesus elogiou não apenas publicamente, mas também *imediatamente.* Ele não esperava muito, pelo contrário: selecionava o momento adequado para deixar a pessoa conhecer o prêmio que havia ganhado. Provérbios 15:23 alinha esse ensinamento:

> *O homem se alegra em dar resposta adequada, e a palavra, a seu tempo, quão boa é!*

Elogios fora de hora podem tornar-se vazios. Como acontece com qualquer comportamento, um espaço muito grande entre o comportamento positivo e a recompensa mina o reforço potencial do elogio. As palavras ditas na hora certa são fecundas. Elas são uma "resposta adequada" para o indivíduo que a merece.

A *Nova Tradução na Linguagem de Hoje* e a *Nova Versão Internacional* podem ilustrar melhor como o elemento tempo é importante na cultura hebraica: "Como é boa a palavra certa na hora certa!" (NTLH); "Como é bom um conselho na hora certa!" (NVI). Nestas traduções, fica claro que o elogio não precisa ser instantâneo, mas deve ter uma proximidade razoável com o comportamento. A sabedoria de Deus nos convida a conhecer e assumir este comportamento, mais cedo ou mais tarde.

Elogiar os outros é gratificante

Provérbios 15:23 também destaca que a "resposta adequada" e "no tempo certo" traz alegria não somente para o ouvinte, mas também para quem a dá. Muitos de nós já experimentamos a sensação de prazer por termos reconhecido e expressado reconhecimento. Portanto, o texto serve não apenas como revelação, mas também como um lembrete de que esta alegria vem para todos que livremente elogiam os demais. Além disso, como será discutido na maior parte da próxima seção deste capítulo, a alegria pode vir de outras formas para o gerente que habitualmente elogia seus subordinados: na forma de um grupo de trabalho mais comprometido, leal e produtivo.

O elogio também pode ser não verbal

Por fim, Provérbios nos aconselha que as melhores mensagens de elogio não precisam ser unidimensionais; o elogio pode ser comunicado através de várias alternativas. Dois versículos atestam o fato de que, às vezes, um simples olhar pode ter um efeito revitalizante:

> *O olhar de amigo alegra ao coração; as boas-novas fortalecem até os ossos.*
>
> *Provérbios 15:30*

O semblante alegre do rei significa vida, e a sua benevolência é como a nuvem que traz chuva serôdia.

PROVÉRBIOS 16:15

Estes textos não apenas fornecem apoio ao valor do elogio (figurativamente falando, elogios trazem alegrias para o coração e saúde para os ossos). Eles também nos informam de que a simples expressão no rosto do gestor pode ter efeitos positivos mais duradouros nos subordinados. Muitas são as opções para alardear as conquistas dos outros, mas não devemos esquecer – especialmente quando pressionados pelo tempo – que, além do padrão verbal e escrito, e além da placa de funcionário do mês e o nome no papel de carta da empresa, simplesmente um olhar satisfeito pode ser uma recompensa. O semblante do chefe ficar "alegre", conforme Provérbios 16:15 nos ensina, é uma analogia para alguém que dedicou a sua vida fazendo alguma coisa em prol da comunidade, que originalmente recebia a sabedoria – a chuva que pode regar as plantações e produzir uma safra abundante.

Hoje, uma expressão como esta continua sendo um sinal de boas coisas por vir. E isto não custa nada ao gerente! Construir uma ética de dedicação não fica mais barato do que já é.

ALGUMAS DEDUÇÕES DE PESQUISAS ACADÊMICAS E PRÁTICAS

Descobertas dos pesquisadores acadêmicos confirmam os ensinamentos das escrituras e fornecem alguns aspectos adicionais que merecem ser considerados.[1] Primeiramente, existe pouca discussão a respeito das noções bíblica e intuitiva de que o reconhecimento do empregador pode ter um efeito positivo no desenvolvimento do desempenho do funcionário.[2] É um consenso entre pesquisadores e profissionais que o reconhecimento periódico das contribuições de um funcionário são essenciais tanto para a aprendizagem quanto para a motivação.

Em segundo lugar, a maioria dos gerentes não fornece incentivos suficientes, em parte porque os supervisores tendem a subestimar a importância que os subordinados dão ao retorno que recebem sobre seu desenvolvimento no trabalho e a superestimar o valor das recompensas tradicionais.[3] Como resultado desta prática, é comum que o retorno positivo seja fornecido de maneira informal, e somente disponibilizado quando os funcionários o buscam junto a seus superiores.[4] A literatura a respeito da prática reafirma essas conclusões: os maiores defensores da redução nas lacunas de incentivo são os autores de sucesso Ken Blanchard e Bob Nelson.[5]

Em terceiro lugar, o reforço positivo tende a ser mais aplicável se realmente for indicativo do *motivo* pelo qual o desempenho do funcionário foi eficiente.[6] A afirmação "você fez um relatório de primeira classe, bom trabalho" é certamente melhor do que não dizer nada, mas também omite informações de reforço que são cruciais. Aproveitar a oportunidade para explicar por que o trabalho foi "bom, de primeira classe" (por exemplo, explicando que o relatório foi claro, sucinto, formatado de forma criativa) aumenta a probabilidade de que o comportamento seja repetido no futuro.

Em quarto lugar, nas situações em que os dois tipos de retorno quanto ao desempenho – positivo e negativo – precisam ser dados ao funcionário (por exemplo, durante a revisão de desempenho), pesquisadores descobriram que os subordinados estão mais abertos a aceitar o retorno negativo como sendo mais preciso do que quando o positivo é apresentado primeiro.[7] A literatura a respeito da prática também sugere que comentários positivos e negativos, sempre que possível, devem ser dados separadamente. Usar o argumento "mas, por outro lado..." para aquele que está sendo capacitado, segundo muitos defendem, com propriedade, cria o efeito de anulação de quaisquer aspectos benéficos a respeito do elogio.[8] Sempre que possível, portanto, evite informar as más notícias logo após as boas.

Finalmente, não é sempre o caso de muitos elogios serem bons. A partir de certo ponto, o efeito passa a diminuir. Do lado acadêmico, um dos melhores estudos de campo até o momento concluiu que dar retornos sobre desempenho a cada duas semanas é tão eficaz quanto fazê-lo toda semana.[9] Na prática, escutamos que alguns trabalhadores podem interpretar o excesso de elogios como uma atitude cínica de seus superiores, e acham que se trata apenas de uma ferramenta para manipulá-los e fazê-los trabalhar mais.[10] Além disso, o excesso de incentivos pode culminar numa falta de sensibilidade por parte dos funcionários para tal retorno positivo. Para maximizar seu impacto, o elogio só deve ser usado quando for merecido.

FAÇA DO INCENTIVO UM PROCEDIMENTO OPERACIONAL PADRÃO

A negligência em dar crédito e agradecer quando há mérito pode afetar tanto o compromisso do funcionário esforçado quanto o relacionamento do supervisor com esta pessoa. Todos nós já estivemos lá, conseguimos conquistar alguma coisa, mas vemos o que conquistamos ser sonegado sem qualquer outra razão aparente senão a ingratidão. Quando isto acontece no local de trabalho, no casamento ou em alguns outros ambientes onde existe alguma relação hierárquica, esta sonegação é, no mínimo, frustrante. E, com o passar do tempo, ela gera ressentimento, deslealdade, um comportamento do tipo "fazer o mínimo" e, em alguns casos, um envenenamento do relacionamento. A depreciação, sem dúvida, trás suas conseqüências, principalmente porque se trata da sonegação do reconhecimento de algo que foi *conquistado*.

Da mesma forma, no contexto do mundo dos negócios, as Escrituras Sagradas convidam todo gerente a aclamar os êxitos dos funcionários de uma forma operacional padrão. Um alto executivo fez disso uma rotina, ao colocar cinco moedas em seu bolso direito no começo de cada manhã. Ao longo do dia, ele vai movendo uma a uma para o outro bolso, conforme vai elogiando um subordinado. Outro exemplo: o dono de um restaurante cuja rotina era agitada demais nas horas de trabalho para elogiar seus funcionários durante o dia, ao fim de cada expediente, após o horário de fechamento, disparava observações pessoais para todos aqueles que realmente haviam feito diferença ao longo daquele dia de trabalho.[11]

Não existem restrições organizacionais que amarrem as mãos do administrador nesta área. Portanto, as possibilidades de adquirir o hábito de fazer comentários e observações positivas a respeito do desempenho dos funcionários são ilimitadas. O desafio para o administrador cristão é, portanto, o de adotar uma dessas possibilidades de modo a realmente motivar os funcionários através dos elogios que eles fizeram por merecer.

Décimo Sexto Princípio

Recompense os Funcionários com Lucros

Em 1990, Sears, Roebuck & Company adotaram uma nova estratégia de geração de receita para seus autocentros. O objetivo era incentivar os clientes, cujos carros já estavam nas lojas, a adquirir mais serviços de manutenção preventiva. Então, como procedimento padrão, os mecânicos da Sears foram instruídos a avaliar os problemas dos veículos e orientar os clientes para que buscassem uma solução.

Para garantir que os mecânicos realmente fizessem isto, a Sears fez o que muitas empresas costumam fazer quando resolvem padronizar o comportamento de seus funcionários: eles modificaram o sistema de recompensa. Em vez de um sistema calcado unicamente em horas trabalhadas, o trabalho dos mecânicos passou a ser uma combinação de horas básicas e comissões. O valor da hora paga foi reduzido em um terço, e os mecânicos poderiam recuperar a diferença através de suas comissões nos serviços que eles vendiam.

Bela idéia. Porém, infelizmente, a matriz de Chicago permitiu que os gerentes dos escritórios locais em todo o país pudessem adicionar algumas variações ao seu sistema de comissionamento. Muitos gerentes estipularam cotas de vendas para seus mecânicos sobre os itens com margens de lucro altas, como pára-choques, molas e freios, e para serviços complicados e caros, como alinhamento de rodas. O fracasso de um mecânico em alcançar as cotas inplicaria em duras penalidades, desde a escalação para horários de trabalho que não queriam até demissão. Além disso, a partir do momento que as comissões estavam disponíveis, alguns gerentes se recusavam a dar aumentos sobre as horas trabalhadas, dizendo aos mecânicos "Se você quer um aumento, tem de sair e vender mais serviços."

Como é previsível, esta nova estratégia de compensação para aumento de produção gerou resultados terríveis. Os mecânicos, que em sua maioria estavam tendo dificuldades em repor seus salários perdidos, começaram a recomendar trabalhos desnecessários e a cobrar por serviços não feitos. Eles passaram a evitar tarefas que consumiam mais tempo, como balanceamento de rodas, para se dedicar a atividades financeiramente mais rentáveis e trabalhos por cota. Ocasionalmente, alguns veículos chegavam a ser danificados ainda dentro da loja, o que acarretou um aumento nos custos para consertá-los.[1]

Mas os clientes da Sears começaram a suspeitar que estavam sendo feitos de bobos. Na Califórnia, após três anos, houve um aumento de 50% nas queixas contra os autocentros da Sears. O Departamento de Estado para Defesa do Consumidor fez uma investigação disfarçada, levando 12 veículos que necessitavam de reparos muito simples até os autocentros da Sears. O departamento estimou que, em média, eles foram sobretaxados em cerca de 223 dólares por visita. Os funcionários do departamento de New Jersey conduziram uma investigação semelhante, e concluíram que, em cada visita à Sears, os mecânicos sugeriam reparos desnecessários.

Uma vez que a denúncia sobre os abusos veio a público, comprovada por casos ocorridos de um lado a outro do país (o Diretor para Assuntos de Defesa do Consumidor da Califórnia chegou a acusar a prática de "uma espoliação sistemática do público"), várias queixas de 43 outros estados surgiram contra a Sears. O resultado final incluiu a distribuição de 20 milhões de dólares em cupons da Sears para os clientes lesados e o pagamento de milhões de dólares em todos os estados em taxas jurídicas, além do fim do sistema de comissões e cotas da empresa. Talvez a maior perda para a companhia tenha sido a perda de confiança de seu público, bem como de inúmeros mecânicos competentes que deixaram seus empregos.[2]

A Sears havia adotado a antiga estratégia de compensação, na qual os trabalhadores são pagos de acordo com seu desempenho. Esta estratégia está rapidamente se tornando uma norma, em vez de uma exceção. Mais de dois terços das empresas americanas atualmente têm algum tipo de sistema de incentivo local, que varia do pagamento de comissões pelo mérito até o recebimento de ações da companhia. E uma pesquisa realizada em 1995 descobriu que mais de 40% das organizações estão se utilizando especificamente desses programas para funcionários fora do quadro executivo.[3]

A princípio, esses esquemas de pagamento variáveis são uma boa idéia, que deveria ter um profundo efeito no desenvolvimento das potencialidades individuais, gerando motivação e produtividade. Mas como os casos ocorridos com a Sears demonstraram, também pressupõem vários riscos. Trabalhadores tendem a fazer o que o sistema de remuneração lhes motiva a fazer – seja algo positivo ou negativo –, de forma que qualquer desempenho baseado no sistema de pagamento por produção deve ser criado e desenvolvido com extremo cuidado.

Isto também se aplica aos programas de divisão de lucros, uma das mais encantadoras e controvertidas estratégias de pagamento por desempenho. Não se trata de uma idéia nova – nos Estados Unidos, as raízes do sistema de partilhamento de lucros remontam ao fim do século XVIII –, mas somente nas últimas década esta prática tornou-se institucionalizada no mundo dos negócios. Pesquisas recentes indicam que 18% a 20% das empresas norte-americanas possuem algum tipo de programa sobre distribuição de lucros em andamento.[4]

Curiosamente, porém, além de ser francamente estimulado por um grande número de executivos e gestores, o conceito de distribuição de lucros entre os funcionários também aparece na Bíblia.

PROVÉRBIOS SOBRE DIVISÃO DA FARTURA

Um princípio genérico expresso no Livro de Provérbios – e ao longo de toda a Bíblia – é que *alguém honra a Deus e é abençoado quando se revela benevolente com aqueles menos afortunados.* Um exemplo típico está em Provérbios 22:9:

O generoso será abençoado, porque dá do seu pão ao pobre

À primeira vista, um versículo como este não exige muitas explicações. A mensagem básica é auto-explicativa. Porém, como sempre, existe mais do que uma simples mensagem por trás deste e de outros provérbios (como 14:21, 19:17 e 28:8) do que nós possamos imaginar ao fazer uma leitura apressada do texto. Para apreciar plenamente sua abrangência, precisamos entendê-los como manifestações dos ensinamentos que remontam à *Torá* de Israel, os cinco primeiros livros do Antigo Testamento.

DEMONSTRANDO JUSTIÇA E GENTILEZA

Entre as últimas palavras de Moisés a Israel, ele falou: "Quando entre ti houver algum pobre de teus irmãos, em alguma das tuas cidades, na tua terra que o SENHOR, teu Deus, te dá, não endurecerás o teu coração, nem fecharás as mãos a teu irmão pobre; antes, lhe abrirás de todo a mão e lhe emprestarás o que lhe falta, quanto baste para a sua necessidade. Guarda-te não haja pensamento vil no teu coração, nem digas: Está próximo o sétimo ano, o ano da remissão, de sorte que os teus olhos sejam malignos para com teu irmão pobre, e não lhe dês nada, e ele clame contra ti ao SENHOR, e haja em ti pecado. Livremente, lhe darás, e não seja maligno o teu coração, quando lho deres; pois, por isso, te abençoará o SENHOR, teu Deus, em toda a tua obra e em tudo o que empreenderes" (Dt 15:7-10).

De fato, isto revela o dever de dividir a fortuna. Porém, além da obrigação ou dever, dividir com os necessitados era considerado um componente integral da ética israelita de mishpatim: justiça e gentileza para com estranhos. Deus dá esta ordem 36 vezes na *Torá*, mais vezes do que qualquer outra responsabilidade religiosa. Portanto, para Israel, a justiça para com o próximo não era simplesmente um ideal pelo qual alguém deveria lutar. Também não foi proclamado como sendo uma meta social. Ao contrário: agir de forma justa e caridosa para com os outros era o *cerne* da atitude do povo de Deus. Ou seja, o trato do infortúnio era parte do acordo que Deus havia feito com Israel: "Porque vocês são meus escolhidos, ajam com justiça para com o próximo."

Da mesma forma, uma pessoa ou uma comunidade violar esta instrução implicava não apenas a quebra da Lei, mas evidenciava uma quebra deliberada na relação com Deus – o repúdio de um acordo sagrado. Eis o motivo, por exemplo, do protesto do profeta Amós ter sido tão virulento (por exemplo, Am 2:6,7; 5:11,12). Israel vinha explorando sistematicamente seus necessitados e, ao fazê-lo, abandonou seu relacionamento especial com Deus.

Dessa forma, quando lemos o que Provérbios 22:9 nos diz a respeito da divisão de alimento com os pobres, devemos manter em mente seu contexto histórico. Negligenciar os pobres implica uma rejeição pessoal de Deus; ser generoso significa dar-lhe glória. A mensagem do provérbio não é primordialmente a respeito do compartilhamento do alimento, mas tem a ver com uma opção por nossa relação com o Criador. Rejeição ou honra. Não existe meio-termo.

E esta é uma mensagem que transcende o tempo e os relatos históricos. Ela reverbera de Moisés a Salomão, aos profetas e, em última instância, ao próprio Jesus, já que são dele estas palavras tão familiares: "O Rei, respondendo, lhes dirá: Em verdade vos afirmo que, sempre que o fizestes a um destes meus pequeninos irmãos, a mim o fizestes" (Mt 25:40). De agora em diante, quando os eleitos dividem seus alimentos com os pobres, eles o fazem a Deus.

DIVIDINDO O *PÃO* DOS NEGÓCIOS

Séculos mais tarde, no moderno contexto dos negócios, não é exagero considerar o conceito de "alimento" – seu caráter de sustento – como o excesso que permite sobreviver, o lucro. Em vez de guardálo, distribuí-lo exclusivamente para os donos ou reinvestir tudo, as Escrituras Sagradas convidam aqueles que são responsáveis por tais decisões a generosamente dividir o pão de seus negócios com aqueles menos afortunados do que eles.

As implicações são muitas. Entre elas estão o dízimo, o investimento na comunidade local, a criação de recursos em vizinhanças menos favorecidas e a contratação de pessoas que, de outra forma, seriam consideradas inadequadas para serem empregadas. Compreensivelmente, ações como essas são impensáveis para alguns porque elas iriam gerar um retorno financeiro nulo ou mesmo negativo. Mas não se dá alimento para conseguir mais alimentos de volta.

Assim, a distribuição de lucros, na aplicação de Provérbios 22:9 no contexto dos negócios, pode gerar um retorno financeiro extraordinário. Da mesma forma, a distribuição de lucros entre os funcionários – e especialmente os que ganham menos, isto é, os "pobres") – situa-se exatamente na linha de interseção entre as necessidades individuais e a responsabilidade social. Isto é uma extensão da sabedoria proverbial, que, em última análise, pode honrar tanto a Deus quanto ao próximo.

O QUE FUNCIONA E O QUE NÃO FUNCIONA NA DISTRIBUIÇÃO DE LUCROS?

Além da dimensão da "justiça" na distribuição de lucros, vamos pensar a respeito do impacto financeiro da distribuição de lucros em uma organização. Dividir o lucro deveria melhorar a produtividade do funcionário e diminuir a rotatividade, de acordo com as teorias mais avançadas,[5] já que, vinculando parte do pagamento do funcionário ao desempenho da firma, poder-se-ia retirar mais esforço deste indivíduo, dizem os teóricos. E já que os trabalhadores são recompensados como um grupo neste programa, eles podem tornar-se mais desejosos de dividir informações e de operar como uma equipe. No que se refere à rotatividade, se a distribuição de lucros tende a elevar a remuneração dos funcionários a um nível acima do mercado (um "salário-eficiência", na fala de economistas), os funcionários podem relutar em ser demitidos. Além disso, rendimentos acima do mercado também podem reduzir as pressões trabalhistas, uma vez que o custo de ser demitido não se reduz à simples busca por um novo trabalho, mas, provavelmente, também uma forte queda no padrão de vida.

Descobertas importantes

Bem, essas são teorias. E temos uma razão particular para ser céticos neste ponto. Sabemos, por experiência, que essas hipóteses geralmente se originam em programas políticos e sociais, em vez de econômicos. Modelos e políticas criados nas *torres de marfim* geralmente defendem a distribuição de lucros de modo a destacar o desempenho organizacional, mas isto pode ser um pouco mais do que uma iniciativa transparente para uma reengenharia social. Portanto, quando alguém se debruça sobre o volume de pesquisas e comentários a respeito de distribuição de lucros, é preciso ter cautela para separar o trigo do joio.

Naturalmente, existe o trigo, ou substância, na pesquisa. Apesar de o trabalho empírico ainda não ter sido clara e conclusivamente demonstrado, os efeitos causais na produtividade, na rotatividade e nos lucros,[6] algumas amostras bem recortadas dos estudos existentes apontam para conclusões preliminares a respeito do que funciona e do que não funciona nos programas de distribuição de lucros.[7] Além disso, seus achados estão recheados de evidências históricas.

No que se refere ao corte de pessoal, esses estudos demonstram que a distribuição de lucros pode degenerar em um custo extra em operações. A pesquisa confirma que, *quando os funcionários não percebem a vinculação direta entre seu esforço e a influência da participação nos lucros sobre seus ganhos, seus esforços e sua decisão para ficar na organização não serão afetados por nenhum plano de distribuição de lucros.* Além disso, mesmo que exista uma vinculação perceptível, uma pequena cota de participação traz pouco impacto no desempenho individual. Semelhantemente, uma previdência (isto é, lucros depositados numa conta especial de pensão, em vez de ser oferecido em dinheiro), não importa o tamanho, não traz nenhum efeito discernível na produtividade.

Pode parecer senso comum, mas os comportamentos estão altamente relacionados com o valor e a presteza das recompensas, não importando se estamos treinando um cachorro, educando um bebê ou administrando pessoas. Porém, a simplicidade deste princípio parece escapar à percepção daqueles responsáveis por elaborar planos de distribuição de lucros. De acordo com um estudo de 1997, 42% das companhias ainda baseiam seus planos de premiação num critério no qual os funcionários não têm uma influência direta (por exemplo, preços de ações de mercado, ganhos por ação).[8]

PROGRAMAS DE DISTRIBUIÇÃO DE LUCROS EFETIVOS

Sem querer negar as armadilhas, os programas de distribuição de lucros podem funcionar e já estão funcionando. Aqui estão alguns fatores que os estudos empíricos identificaram como influentes para seu sucesso. *Primeiro: o tamanho da empresa aparece como sendo uma importante variável* na equação. Companhias menores (775 funcionários ou menos) tendem a experimentar um aumento de produtividade entre 11% e 17%, enquanto nas firmas maiores os efeitos variam de 0% a 7%. Aparentemente, quanto maior a força de trabalho, mais tênue será a vinculação do comportamento individual com o sistema de bônus, o que pode criar um problema maior, o de alguém se beneficiar às custas de outrem.

Segundo: a distribuição de lucros tende a ser especialmente útil onde os custos com a monitoração dos funcionários é alto. Isto se comprova em qualquer sistema de pagamento efetivo por desempenho, quando os funcionários percebem que premiações reais e representativas fluirão na medida em que houver um aumento de esforço. Eles precisarão de menos supervisão para a realização de suas tarefas. A pesquisa correlacionou a distribuição de lucros com outras reduções dramáticas de custo supervisional.

Terceiro: o melhor trabalho empírico tem demonstrado que *a distribuição de lucros pode levar a uma redução de rotatividade,* especialmente quando a distribuição de lucros substitui uma parte do pagamento básico, em vez de ser o "molho por cima do contracheque". A razão precisa para isso ainda está sujeita a debates, mas, do ponto de vista estatístico, a relação é incontestável.

E como última questão no quadro – divisão dos lucros o fazem aumentar –, o julgamento da pesquisa na comunidade ainda não deu seu veredicto. Todavia, muitas evidências registradas sugerem efeitos significativos no desempenho financeiro da corporação. Relatamos aqui um testemunho do impressionante potencial da divisão de lucros, tanto para ressuscitar quanto para reforçar um negócio.

UM ESTUDO DE CASO: CIN-MADE

Na introdução, encontramos Robert Frey. Lembra-se daquele episódio? Ele havia comprado a Cin-Made, uma pequena empresa de manufatura cheia de problemas: custos trabalhistas astronômicos, relações contenciosas entre a administração e o sindicato, uma taxa de entrega no prazo de 75%, o que era muito embaraçoso, e no fim, um resultado mínimo e volátil. Como notamos, então, Frey tinha várias opções, de acordo com a teoria administrativa em curso. Eis aqui o que ele fez.

Para remediar alguns dos problemas financeiros da Cin-Made, Frey adquiriu um maquinário mais rápido e deu um aumento de salários de 25%. Seus 36 funcionários, cujos empregos não haviam mudado em décadas, imediatamente rejeitaram a nova tecnologia de forma ostensiva, porque temiam se ferir ao usar o equipamento mais rápido.

No que se refere aos aumentos salariais, o "chute na canela" foi uma greve prolongada. Eles voltaram ao trabalho com uma redução de 12,5% nos pagamentos, mas a *vitória* do patrão, neste caso, refletiu-se numa "fábrica cheia de raiva, funcionários insatisfeitos, determinados a se opor a qualquer inovação e a fazer um escândalo se houvesse a menor infração ao que estava estipulado no contrato", como Frey admitiu.[9]

Através dessas iniciativas de reduções de custos, os lucros da Cin-Made se estabilizaram um pouco. Mas Frey sabia que ainda precisava encontrar uma solução de longo prazo para a empresa. Então ele tentou algo radical: propôs dar aos funcionários 30% dos lucros brutos e manter os livros abertos para o escrutínio do sindicato. Ele manteve encontros mensais com os funcionários para informar a respeito do estado dos negócios e permitir que eles soubessem como a empresa estava indo. E deu a eles mais responsabilidades administrativas (por exemplo, solução de problemas, corte de custo, distribuição das horas extras, entrevistas com novos funcionários), para lhes dar um sentimento pessoal das preocupações administrativas.

Em essência, esta estratégia deveria sensibilizar os trabalhadores para as realidades financeiras e mercadológicas do negócio e dar a eles um parâmetro dos resultados. Ele tinha como objetivo alinhar os interesses dos trabalhadores com os do empregador.

Os quatro primeiros anos desta nova forma de trabalhar encontraram resultados ínfimos. Os 30% dos pequenos lucros eram repassados em pequenas cotas, e pouca mudança se viu na cultura empresarial. Desde 1989, porém, os lucros da Cin-Made foram sólidos e, conseqüentemente, a distribuição dos cheques relativos aos lucros representou um aumento médio de 36% nos salários. Numa fábrica com poucos funcionários, a vinculação entre o esforço individual e o tamanho do prêmio foi claramente percebida, e quando os funcionários de Frey começaram a receber os frutos de seu trabalho, seu comprometimento e sua contribuição aumentaram incomensuravelmente.

Hoje, a Cin-Mate detém um recorde de 98% de entregas no prazo, o nível de produtividade elevou-se em 30% desde meados de 1980, há uma baixíssima taxa de absenteísmo (faltas) e uma força de trabalho que meticulosamente monitora perdas e funcionários temporários. Adesão rígida às descrições do trabalho é coisa do passado, motivos de queixas são inferiores a 1% ou 2%, e as relações de trabalho são pacíficas. O processo de renegociação salarial é tri-anual, partindo da premissa de que qualquer aumento nos salários fixos ou benefícios são advindos da distribuição de lucros – portanto, as negociações tendem a ser amigáveis. De acordo com Frey, este montante de dinheiro pertence inteiramente aos funcionários, portanto eles podem dispor dele da melhor forma que lhes convier.[10]

Como a Lincoln Electric (veja o Nono Princípio), funcionários optaram por manter e depender de um sistema de pagamento por desempenho. Seus objetivos mentais mudaram. Eles pensam como administradores, consideram-se do mesmo lado da mesa que seus maiores executivos e trabalham coletivamente para aumentar o bolo que será dividido por todos os envolvidos.

Uma Solução em que Todos Ganham

Seria totalmente estranho aos textos da Bíblia dizer que há um mandamento em Provérbios a respeito da distribuição de lucros. Porém, a distribuição de lucros nos parece uma extensão legítima do ensinamento prudente a partir do qual honramos a Deus quando dividimos nossos recursos com aqueles que pouco possuem. Este parece ser, particularmente, o caso dos funcionários de baixo escalão.

Além disso, mas em segundo plano em nosso contexto, isto também pode ser uma ferramenta de negócios efetiva, já que, se devidamente implementada, a distribuição de lucros pode alinhar os interesses dos funcionários com os dos empregadores e donos das empresas. Portanto, representa o ditado das Escrituras, uma solução em que todos ganham. Divisão de lucros é uma estratégia que premia ambos, satisfaz as necessidades econômicas dos funcionários e os incentiva a cuidar mais dos serviços de clientes, contenção de custos e qualidade.

Parte 5

Controle de Conflitos no Ambiente de Trabalho

Décimo Sétimo Princípio

Contenha a Fofoca no Local de Trabalho

Cyber-fofoca é o aprimoramento mais recente de uma prática antiga. No entanto, mesmo com esta nova e melhorada mídia, o e-mail, os efeitos destrutivos da fofoca permanecem os mesmos. Qualquer funcionário de uma firma é testemunha pessoal disto.

Linda diz que o estômago dela ainda agita quando ela pensa em seus primeiros dias trabalhando com correio eletrônico. Num dia de trabalho fatídico, em lugar de ficar fofocando em lugares onde ela poderia ser escutada, Linda tirou proveito da nova tecnologia dos computadores de então para enviar uma mensagem rápida para um colega de seu departamento. A nota era, basicamente, uma fofoca bombástica sobre um supervisor de nome Mark, afetuosamente referido na mensagem como "Marky-poo", entre outras coisas.

Quando terminou de escrever, Linda enviou sua crítica alegre e sorrateiramente. O problema, no entanto, era que, como uma usuária relativamente sem experiência, ela não enviou a mensagem ao seu colega, mas ao próprio Mark! Ai![1]

Fofoca pode ser definida como uma conversa depreciativa sobre alguém que não está presente. E mesmo que esta prática já existisse nos ambientes de trabalho antes, o uso difundido de e-mail para trocar informações – seu uso como um "desestressador virtual" – só serviu para exacerbá-la. Rumores, insinuações e outros *petiscos suculentos* podem cruzar o escritório e o mundo hoje em tempo real, não deixando, de forma geral, ninguém mais sábio. A pessoa pode até parecer estar trabalhando diligentemente em um terminal de computador, quando, na realidade, ela está movimentando somente o moinho do rumor.

Claro que o tradicional "encontre-me na sala da xerox" não se tornou obsoleto – e provavelmente nunca vai se tornar, já que as pessoas parecem não poder fazer outra coisa senão conversar sobre os outros. Um típico resultado de pesquisa sobre a incidência de fofoca no local de trabalho obtido pela Sociedade Americana para Treinamento e Desenvolvimento indicou que 21% das pessoas dizem que são "participantes freqüentes" das rodas de fofoca no local de trabalho e 64% dizem que, às vezes, "fofocam no trabalho". A pesquisa concluiu que a fofoca está freqüentemente relacionada ao trabalho, e normalmente centrada em mudanças nos negócio, intrigas de escritório e as vidas privadas das pessoas.[2]

Se as estatísticas não foram suficientemente desanimadoras, também há uma grande contribuição de *especialistas* à fofoca. Estudiosos dos campos de Psicologia, Sociologia, Antropologia e até Filosofia falam que a fofoca no local de trabalho é benéfica por causa de sua habilidade para unir os indivíduos. De acordo com um professor de Psicologia da Temple University, "se as pessoas não estão falando sobre outras pessoas, é um sinal de que algo está errado – que nos sentimos socialmente alienados ou indiferentes".[3]

O parecer favorável dos acadêmicos à fofoca é reafirmado na mídia especializada. Jornais e revistas retratam com regularidade a fofoca como tendo uma dimensão lucrativa nos negócios. Observe as seguintes manchetes:

- "Pssst: fofoca no escritório pode ser uma ferramenta produtiva."
  Indianapolis Business Journal

- "Prestem atenção! Fofoca pode ser boa. Segundo especialistas, fofocar é simplesmente um ato de espalhar informação."
  Fort Lauderdale Sun-Sentinel

- "Os lucros da fofoca."
  The-Times of London
- "Um elogio à fofoca no escritório."
  Fortune[4]

Apesar destes pronunciamentos, a verdade permanece: fofocas no local de trabalho incitam conflitos, rompimentos, subprodutividade e quedas bruscas. E o que faz o comentário secular ser até mesmo mais pernicioso é que ele não pode ser mais antitético em relação ao ensino bíblico neste assunto. Tanto o Antigo quanto o Novo Testamento rejeitam claramente noções seculares sobre fofoca, e o conselho para evitar a fofoca aparece principalmente no Livro de Provérbios.

PROVÉRBIOS SOBRE FOFOCA

Em nosso panorama contemporâneo, alguém certamente poderia perguntar de boa-fé a outra pessoa: "Qual é o problema? Todo mundo fofoca, e normalmente não há nenhum intento malicioso por trás das palavras. Em negócios, deveríamos olhar para cima e nos enfocar em assuntos de conseqüência genuína."

Um ponto de vista legítimo, talvez. Mas tente falar isto para o apóstolo Paulo, que alinhou o pecado da fofoca com companhias bem extremas. Para os romanos, ele escreveu sobre alguns membros da comunidade: "Cheios de toda injustiça, malícia, avareza e maldade; possuídos de inveja, homicídio, contenda, dolo e malignidade; sendo difamadores, caluniadores, aborrecidos de Deus, insolentes, soberbos, presunçosos, inventores de males, desobedientes aos pais" (Rm 1:29,30). E aos coríntios, ele escreveu, da mesma forma: "Temo, pois, que, indo ter convosco, não vos encontre na forma em que vos quero, e que também vós me acheis diferente do que esperáveis, e que haja entre vós contendas, invejas, iras, porfias, detrações, intrigas, orgulho e tumultos" (2 Co 12:20). A inclusão da fofoca em tais listas pode parecer algo sem sentido numa cultura como a de hoje em dia, que faz deste mal, na pior das hipóteses, um pecado tépido, menor. Mas Deus vê isto de forma diferente. Não por acaso, seu mensageiro inspirado junto aos gentios apontou a fofoca como uma destas transgressões flagrantes. Fofoca é um abuso venenoso da língua, induzida por seus companheiros citados na Bíblia: arrogância, ciúme, insolência e outros parecidos. Fofoca é uma manifestação dessas atitudes negativas e um veículo pelo qual nossos problemas subjacentes degeneram em conflitos ou contendas.

Apesar de este encadeamento para a contenda ser implícito nos escritos de Paulo, é bem explícito em Provérbios:

> *Sem lenha, o fogo se apaga; e, não havendo maldizente, cessa a contenda.*
>
> *PROVÉRBIOS 26:20*

A fofoca alimenta a discussão como a madeira alimenta o fogo, de acordo com o provérbio. *Um remédio para o conflito, então, é fazer minguar o fogo, minimizando a fofoca.* Entre as muitas alternativas para executar este ensino, Provérbios destaca uma em particular: não se identifique com as fofocas. Provérbios 20:19 ensina isto:

> *O mexeriqueiro revela o segredo; portanto, não te metas com quem muito abre os lábios.*

Achamos pouca ambigüidade ou espaço para dupla interpretação neste texto. O versículo nos diz que não devemos nos envolver com pessoas que fofocam. Devemos, deliberadamente, evitá-las. E, em casos extremos, pode acontecer de termos de removê-las de nossas organizações.

O apóstolo João dá apoio adicional a esta posição um tanto controversa. Em sua terceira epístola, ele escreveu para louvar um homem chamado Gaio, que proveu hospitalidade e apoio para seus irmãos de fé. Fazendo assim, João aproveitou a ocasião para também alertar a comunidade sobre a problemática tolerância do chefe da igreja deles, Diótrefes. Aparentemente, Diótrefes, um homem "que gosta de exercer a primazia entre eles" (note a conexão com a arrogância), tinha estado fofocando maliciosamente sobre João e também tinha expulsado algumas pessoas boas de sua igreja (3 Jo 9,10). Na carta, João prometia resolver pessoalmente a situação quando chegasse. Aqui, a arrogância conduziu à fofoca, que conduziu a uma discussão que estava prejudicando tanto o testemunho efetivo quanto o crescimento. Para quebrar a cadeia de causas e efeitos, João diz, Diótrefes, o fofoqueiro, deve ser silenciado ou rejeitado.

Aplicando tudo isto em um ambiente empresarial contemporâneo, as Escrituras Sagradas não apenas ensinam que fofocar é um pecado e que fofoca desenfreada cria conflito, como também que é uma atitude absolutamente apropriada e recomendável conter a fofoca diária no local de trabalho, usando para isto algum tipo de política corporativa. É para a implementação deste assunto espinhoso que nos voltamos agora.

O Desenvolvimento de uma Política Razoável

Em anos recentes, vários diários de administração empresarial têm alertado os empregadores sobre a importância de conter a fofoca no local de trabalho.[5] Porém, sempre que alguém promulga regras que constrangem os funcionários em assuntos que eles podem considerar como comportamentos naturais ou inócuos, este gestor tem de fazer isto com um senso muito grande do que seja razoável. Tal tarefa não pode ser empreendida de uma maneira polida demais, já que o desrespeito pode tornar-se tão infrutífero quanto nenhum regulamento, no fim das contas.

Caso em questão: a política contra a fofoca para os funcionários do Município de Baton Rouge. Aqui, a política que regula a conversa dos funcionários da cidade tentou proibir que se contasse qualquer piada que possivelmente pudesse ser interpretada por alguém como machista ou racista. Quer dizer, qualquer piada que ofendesse a qualquer pessoa poderia expor o funcionário ofensor a censura ou pior. Depois, a Assembléia Municipal reconheceu que, embora a finalidade da política fosse bem-intencionada, houve problemas na proscrição das piadas.[6]

O truque, então, é ter uma política contra fofocas que honre a Deus, sem indevidamente sufocar a interação dos funcionários. Esta política deve unir os interesses organizacionais de extinguir os rumores e de incentivar o respeito mútuo, enquanto, simultaneamente, trata os adultos como adultos. Um modo para executar este ato de equilíbrio é 1) construir uma política estreita, para só atingir a fofoca, e 2) enfocar a política mais para a educação sobre o problema do que para o castigo. O primeiro impede a política de evoluir para o insustentável (como em Baton Rouge), enquanto o segundo maximiza as chances de ela ser eficiente.

A dimensão didática, ao que parece, é especialmente importante porque as pessoas comuns, no ambiente de trabalho, nunca realmente pensaram sobre a fofoca como algo prejudicial à moral, ao trabalho em equipe ou à produtividade. Muito pelo contrário, as pessoas tendem a vê-la como algo normal e até mesmo uma atividade saudável que, de alguma maneira, as faz sentir-se bem. Então, para se conseguir que o funcionário aceite bem a nova política, deve-se incentiva-lo a ver do ponto de vista administrativo: que a fofoca conduz à discussão, e que a discussão mina a qualidade do ambiente de trabalho. Qualquer que seja o veículo que a pessoa escolhe para anunciar uma política de combate à fofoca (memorando de escritório, panfleto formal, item agendado em uma reunião etc.), a educação sobre esta questão deveria ser o ponto central do comunicado oficial.

É possível que alguém pensasse em começar esta educação inicial sobre fofoca trazendo novamente à superfície (durante o discurso, as críticas de *performance,* as sessões de monitoramento ou treinamento) os efeitos negativos da conversa depreciativa sobre outros. Como em qualquer política nova, a continuidade da educação sobre o propósito da política e seus parâmetros será necessária para ela atingir uma condição de estabilidade em um grupo de trabalho. Além disso, um gerente pode desenvolver o aspecto didático, provendo informação de como um funcionário pode pessoalmente extinguir as fofocas em seu ambiente de trabalho quando elas surgem. Tanto os recursos cristãos quanto a literatura empírica oferecem dicas úteis em como diplomaticamente manter as conversações longe da fofoca.[7]

É claro que a política de não fofocar não pode ser *exclusivamente* didática, já que uma lei sem dentes não é uma lei. Devem ser estabelecidas algumas conseqüências para a violação da política. O bom senso deve ser o guia da pessoa, neste caso; as penalidades têm de se ajustar ao delito e, mais importante, o gerente deve permanecer atento aos princípios dos processos descritos no próximo capítulo. Porém, lembrando da advertência em Provérbios 20:19 ("Não te metas [com o mexeriqueiro]"), a administração deve estar segura de que a política garantirá que as violações severas e repetidas da ordem de não fofocar serão causa para demissão.

Como a política amadurece, entretanto, o autocumprimento pode prevalecer, em vez das táticas mais severas. Em outras palavras, elevando a consciência sobre o assunto, dirigindo o foco para a educação sobre os efeitos da fofoca no ambiente de trabalho e enviando alertas regulares que a administração realmente é séria sobre este assunto, o gestor pode construir e moldar, de forma suave, uma cultura de relação no trabalho, associando, assim, a fofoca a um estigma. Da mesma maneira que ficou socialmente inaceitável usar linguagem vulgar ou vestir-se inadequadamente em algumas empresas, pode ficar semelhantemente inaceitável fazer observações depreciativas sobre outros. Nisto se encontra o ideal, a longo prazo, para qualquer política de combate à fofoca. Se corretamente *costurada* e orientada de forma apropriada, depois de alguns anos de operação, ela pode ser institucionalizada como parte da cultura da corporação.

TRATANDO APENAS OS SINTOMAS

Quando as pessoas são expostas umas às outras por períodos prolongados de tempo, há um vasto potencial para que algumas delas desenvolvam o descontentamento por outros do grupo. E freqüentemente este descontentamento se manifestará na forma de fofoca. É importante reconhecer, então, que uma política de combate à fofoca tratará só os sintomas de problemas mais amplos, como desrespeito, inveja, vingança e arrogância. Não pode (nem deve tentar) mudar as atitudes das pessoas umas para com as outras. A política de pessoal é insuficiente para esta tarefa maior.

O que uma política interna pode fazer para uma organização, entretanto, é ajudar a extinguir o fogo do conflito, privando-o de um pouco de madeira. E não é um conceito radical ou insólito. Por exemplo, a Hallmark inclui a fofoca como um dos "usos impróprios" de sua política de correio eletrônico.[8] A American Express tem uma linha de frente em posição para escoar as fofocas sobre as políticas do ambiente de trabalho. Para reduzir os efeitos de rumores corporativistas e fofocas, os funcionários da American Express são incentivados a ligar anonimamente, a qualquer hora, para adquirir respostas fidedignas para suas questões.[9]

Porém, há uma ironia ao promover uma política de combate à fofoca, para a qual o gestor cristão deve estar preparado: o efeito inicial da política pode resultar em um aumento na fofoca. Quer dizer, esta abordagem não ortodoxa em administração de funcionários pode simplesmente dar aos trabalhadores uma coisa a mais sobre o que fofocar, e até mesmo de forma mais intensa. O gerente que assinar o memorando pode virar o alvo preferido das fofocas durante algum tempo.

Mas esta é parte do preço pago pelos cristãos quando avançamos em idéias baseadas na Bíblia que desconcertam o mundo. As Escrituras Sagradas nos falam que o ambiente de trabalho, mais especificamente a área do cafezinho – como todo meio onde a fofoca corre solta –, é freqüentemente um local venenoso. Entretanto, apesar de os outros poderem nos questionar ou nos criticar, devemos nos lembrar de quando administramos um antídoto, que é outro modo de honrar a Deus e aqueles que ele colocou sob nosso cuidado.

Décimo Oitavo Princípio

Garanta Critérios Justos

Depois de ganhar reconhecimento nacional por seu trabalho no campo da política, o professor Harmon Zeigler foi recrutado para sair da Universidade de Oregon e ensinar na Universidade Puget Sound. Por seu desempenho em sala de aula ser uma extensão da força de sua pesquisa, os estudantes fizeram fila para se inscrever em seus cursos, apesar de sua reputação de professor durão. Em um dia de outono em 1992, entretanto, Zeigler descobriu, de repente, que tinha outra reputação – esta, um tanto quanto imerecida.

A carta do deão veio do nada. Em completa descrença, Zeigler leu que três estudantes não mencionadas o tinham acusado de assediá-las sexualmente, e que a universidade tinha achado que as acusações poderiam ser verdadeiras. Aparentemente, por Zeigler ter "posto uma ameaça de dano imediato para a comunidade universitária", a ele estava sendo dada a escolha entre se demitir ou ser demitido.

Zeigler foi imediatamente ao escritório do decano para solucionar o problema. Claramente, devia haver algum engano, disse Zeigler, porque as acusações simplesmente não eram verdadeiras. Além disso, ele quis saber quem o estava acusando e que tipo de investigação a administração da universidade estava conduzindo, já que sequer havia dado ao acusado a chance de se explicar.

Mas o renomado estudioso encontrou má-vontade por parte de seu chefe. A decisão já tinha sido tomada. Aquelas mulheres estavam "absolutamente determinadas a proceder com uma ação legal contra nós", disse o deão a Zeigler, por isso "temos de tirá-lo daqui".[1]

Embora as mulheres nunca tenham processado a universidade, o professor Zeigler, no entanto, o fez, tentando recuperar os danos provocados pela coleção de erros da universidade contra ele, inclusive a demissão equivocada. Um júri predominantemente feminino decidiu o caso no Tribunal Superior do Município de Pierce, depois de ouvir depoimentos das estudantes, da faculdade, dos administradores e até mesmo de psiquiatras. Eles ouviram relatos sórdidos, sobre os quais Zeigler afirmou não terem nenhuma base real, e ouviram-no dar um longo testemunho sobre os procedimentos investigativos duvidosos da universidade. O registro indicou que, nos três dias entre as acusações e a demissão forçada de Zeigler, a universidade não havia feito quase nada para investigar as acusações. Não seguiu o próprio código interno sobre assédio sexual, não deu a Zeigler nenhuma chance para se defender e o tratou muito mais severamente do que aos outros membros da faculdade que haviam admitido ter feito propostas a estudantes. Sem considerar se Zeigler fez qualquer coisa imprópria ou não, o júri concluiu que a investigação foi destituída do devido direito processual, e isto era simplesmente injusto. Um milhão e meio de dólares injusto, disse o jurado, que achou a escola negligente, causando angústia emocional para o professor.[2]

Histórias semelhantes apareceram de costa a costa, com os jurados quase sempre decidindo em favor do queixoso. Outro professor forçado a sair em meio a acusações espúrias ganhou 805 mil dólares da Universidade de Maine.[3] Um policial de Houston que foi levianamente acusado de passar as mãos de cima a baixo nas pernas de uma balconista aceitou, com prazer, um cheque de 3 milhões de dólares da cidade, depois de passar pela corte.[4] E um representante de vendas da Phillip Morris, demitido em circunstâncias semelhantes, ganhou 1,2 milhão de dólares depois de um tribunal de Illinois concluir que a companhia tinha conduzido "uma investigação incompleta da verdade [das acusações]".[5] A partir de uma perspectiva de obrigação legal, assegurar a devida justiça processual no local de trabalho – seja quando um funcionário é acusado de assédio sexual ou quando acontece alguma outra violação da política da companhia – parece mais importante do que nunca.

Isto também é verdade sob uma ótica administrativa, já que a oportuna e justa resolução de conflitos pode dar força extra a um sistema de trabalho, reduzir dissensões, ajudar a manter as pessoas boas e, em última instância, economizar algum dinheiro. E embora os sistemas de queixa sejam historicamente identificados com as firmas sindicalizadas, hoje quase metade das maiores corporações tem um procedimento formal para amenizar as disputas no emprego.[6] Isto é apenas inteligência nos negócios.

Também pode ser chamado "uma administração sábia". Além destas preocupações legais e administrativas, encontra-se a perspectiva bíblica: Provérbios nos alerta para as armadilhas de ignorar o adequado direito processual, e pede justiça no ambiente de trabalho.

Provérbios sobre Critérios Justos

Justiça nos critérios de Israel no passado

Para as pessoas israelitas do Antigo Testamento, critérios justos para todos fazia parte da tradição da Torá. Justiça não era considerada um luxo ou uma opção; não obstante, estava no coração da união de Israel com o Senhor. Em particular, três passagens da Lei ilustram tanto as raízes quanto a rigidez desta instrução:

> *Não perverterás o julgamento do teu pobre na sua causa. Da falsa acusação te afastarás; não matarás o inocente e o justo, porque não justificarei o ímpio.*
>
> *Êxodo 23:6,7*

> *Não farás injustiça no juízo, nem favorecendo o pobre, nem comprazendo ao grande; com justiça julgarás o teu próximo.*
>
> *Levítico 19:15*

Nesse mesmo tempo, ordenei a vossos juízes, dizendo: ouvi a causa entre vossos irmãos e julgai justamente entre o homem e seu irmão ou o estrangeiro que está com ele. Não sereis parciais no juízo, ouvireis tanto o pequeno como o grande.

DEUTERONÔMIO 1:16,17A

Aqui não há frases limitadoras ou qualificadoras, nem houve ao longo do tempo. Critérios justos é um princípio elementar da interação humana. De fato, o princípio até transcendeu os milênios para residir proeminentemente em documentos como a Constituição Federal de vários países.

CRITÉRIOS JUSTOS: ESSÊNCIA E APLICAÇÃO

Não é nenhuma surpresa que o Livro de Provérbios abranja também os mandamentos divinos e fale a respeito tanto das questões essenciais quanto de suas aplicações práticas (procedimentos). *Critérios justos,* em essência, refere-se ao conteúdo ou substância de uma lei particular, política ou ação remediadora. De acordo com o Dicionário de Legislação Black,* 6ª edição, é a exigência que uma lei "seja razoável em conteúdo como também em aplicação", e sua meta seja "proteção de ação arbitrária ou injustificada". No contexto funcionário/administração, significaria que as políticas de pessoal são justas a todas as partes envolvidas, e aplicadas de tal modo que o inocente seja julgado inocente e o culpado seja julgado culpado.

A *aplicação de critérios justos* é um componente disto. Refere-se à maneira pela qual são tomadas as decisões e é definido simplesmente como "a garantia de processos justos".[7] Em administração de funcionários, isto significa que qualquer processo de solução de conflitos inclui proteções suficientes para que tanto acusador quanto acusado sejam tratados de forma justa.

Dois provérbios transmitem poderosamente estes conceitos. O primeiro:

* *Black's Law Dictionay,* considerado uma das melhores obras de referência em língua inglesa sobre legislação, contém mais de 20mil verbetes e inclui a Constituição dos Estados Unidos, a Declaração Universal dos Direitos Humanos e outros recursos. (N. do copidesque.)

O que justifica o perverso e o que condena o justo abomináveis são para o SENHOR, tanto um como o outro.

PROVÉRBIOS 17:15

O versículo é uma chamada para assegurar justiça efetiva e prática nos processos. O culpado não deveria sair livre, nem o inocente deveria ser condenado. E, seguramente, não é um assunto trivial. Esta é uma dessas instâncias relativamente raras em que a Bíblia diz que Deus "abomina" algo. Como foi discutido quando falávamos sobre desonestidade, no Sexto Princípio, este tipo de linguagem é projetada para ser excepcional e envolvente. Pretende capturar nossa atenção quando corremos o risco de nos ver submergidos em um mar de textos das Escrituras. "Escute muito cuidadosamente", o provérbio nos fala, "pare neste momento da lição e preste muita atenção: Deus *abomina* a injustiça, por isso erradique-a de onde você puder."

Parte desta erradicação envolve o uso de procedimentos próprios enquanto se avalia determinadas situações. Quer dizer, para a que haja um processo justo na prática, procedimentos justos e adequados devem ser resguardados. Provérbios identifica uma forma de proteção:

O que começa o pleito parece justo, até que vem o outro e o examina.

PROVÉRBIOS 18:17

Quando ouvimos a versão de uma pessoa sobre algo que aconteceu, a inclinação natural é considerar aquela versão como verdadeira. Quando um amigo ou colega fala-nos sobre alguma injustiça que suportou, nossa tendência é concordar com ele que as coisas estão erradas. Semelhantemente, quando ouvimos um advogado no tribunal expor um argumento final, o que ele diz parece totalmente convincente... "até que vem o outro e o examina".

Sempre há, pelo menos, uma outra versão para qualquer história. Provérbios 18:17 nos recorda, de um jeito quase humorístico, que há ingenuidade em nossa prática comum de confiar na primeira história à qual damos ouvidos. Zomba de nossa assimilação ingênua de um conto unilateral, e na mesma respiração nos orienta a corrigir esta negligência processual.

Cruzar versões, segundo este versículo, é fundamental a um processo adequado e justo, assim como a oportunidade de defesa. Sem tais proteções *processuais* básicas, os critérios justos ficam comprometidos em sua essência. Isto pode parecer óbvio, mas os gestores encarregados de solucionar conflitos, vez por outra, esquecem disso – ou deliberadamente ignoram. Por quê? Às vezes, um gerente esgotado do trabalho, sobrecarregado com problemas orçamentários e de tempo, pode se apressar e fazer um julgamento prematuro. Outras vezes, o medo de um potencial desastre nas relações públicas pode impelir a administração a querer rapidamente apagar este fogo crescente. Porém, como vimos na história que abriu este capítulo, desconsiderar critérios justos nestes processos pode ser um erro muito grave, que vai sair caro. E como vemos nas Escrituras Sagradas, não pode haver nenhuma desculpa de "necessidade empresarial" para evitar estas responsabilidades administrativas.

E além de tudo isso, Provérbios nos dirige a sermos extremamente justos ao solucionar conflitos. Isto ecoa a velha atitude divina em relação à injustiça e enfatiza a importância da prática investigativa sã. No ambiente de trabalho, o gerente cristão deve prestar atenção ao que Deus detesta e, quando analisando disputas, assegurar justiça a todas as partes, tanto na essência quanto na prática.

A Prática Atual do Uso de Critérios Justos

A tendência à mediação de disputas

Muitas organizações descobriram que critérios justos e adequados para os funcionários, além de ser algo ético, pode funcionar bem a favor de suas próprias imagens. De fato, saber usar critérios justos em processos internos de disputa que exigem uma solução alternativa é, atualmente, um dos elementos mais importantes em administração de funcionários, justamente por causa de sua natureza positiva. A solução formal da queixa pode preservar relações e economizar o dinheiro do empregador, ao mesmo tempo que garante processos justos e adequados para os funcionários. Um estudo recente da Universidade Cornell revela a extensão da popularidade da solução alternativa das disputas, com resultados notáveis:

- *88% das firmas tiveram de fazer mediação de conflitos nos últimos três anos.*
- *79% delas tiveram de julgar méritos nos últimos três anos.*
- *O uso empresarial mais difundido de mediação e arbitragem está em disputas comerciais e trabalhistas.*
- *54% disseram que a pressão nos custos afetou a decisão de buscar soluções alternativas para as disputas internas.*[8]

Estas descobertas são promissoras. A pergunta de implementação, entretanto, pode ser um pouco controvertida. Como pode uma organização eliminar a discussão e manter as relações – a meta de qualquer reclamação formal – ao mesmo tempo que contém os custos?

UM ESTUDO DE CASO

Uma resposta vem de uma companhia com sede no Texas, chamada Brown & Root.[9] Em 1993, esta grande firma de engenharia e construção foi processada por um funcionário por causa de assédio sexual. Em última instância, a companhia ganhou o caso. Mas a vitória rompeu o ambiente de trabalho de forma significativa e custou a eles 450 mil dólares em taxas jurídicas e honorários. Além disso, a batalha tinha abalado as carreiras de vários funcionários, inclusive a do queixoso, de forma permanente. A experiência levou a Brown & Root a procurar um modo mais adequado para solucionar os conflitos no ambiente de trabalho – uma forma que englobasse os interesses do empregador e do funcionário, simultaneamente.

Solicitando a parceria de aproximadamente 300 funcionários, a Brown & Root criou um sistema pelo qual todas as disputas de trabalho seriam solucionadas internamente, e qualquer funcionário com uma queixa conseguiria uma solução justa e sem complicação para o problema. O programa, com quatro opções, dava aos queixosos a possibilidade de escolha entre: 1) usar a política de portas abertas da firma para falar com o supervisor imediato ou um gerente de nível hierárquico mais alto; 2) contar com um representante para a solução de conflitos, nomeado pela companhia, que investigaria o problema e proporia uma espécie de veredicto; 3) requerer mediação formal por um agente externo; ou 4) solucionar o assunto por uma arbitragem final. A *pegadinha* para os funcionários, porém, era que, para ser funcionário na Brown & Root, a pessoa tinha de renunciar ao direito de processar a empresa por causa de disputas trabalhistas – um qüiproquó cuja legitimidade foi sancionada através de tribunais por todos os Estados Unidos.[10]

Do ponto de vista do funcionário, este *acordo entre partes* poderia ser um erro fatal no novo e melhorado sistema de solução de conflitos. Poucas pessoas querem abdicar do próprio direito de utilizar um foro judicial. Mas, por conta de seu antigo requisito para admissão de funcionários, a companhia foi alertada sobre esta falha potencial. Adequadamente, diz William Bedman, consultor geral da Brown & Root, a companhia veio a reconhecer que o sucesso do programa, a longo prazo, não só dependeria dos compromissos da administração, mas também de sua aplicação eqüitativa e uniforme.[9] *A solução, então, era resguardar o processo adequado.*

E eles o fizeram de várias formas. Primeiro, o sistema é acessível a todo funcionário. As opções 1 e 2 não custam nada para o funcionário, e para as opções 3 e 4, o funcionário paga apenas 50 dólares para o mediador ou árbitro, e a companhia arca com o resto do valor. O funcionário sempre tem o direito de contratar um advogado próprio, e já que muitos poderiam ter dificuldade de dispor deste direito, a companhia também prevê a provisão de um subsídio neste caso. A

Brown & Root reembolsa 90% das custas jurídicas do funcionário até um teto anual de 2,5 mil dólares.

Em segundo lugar, o sistema parece ser justo tanto na essência quanto na prática. As regras da Associação Americana de Arbitragem (AAA) guia as mediações e as arbitragens. Tanto os mediadores quanto os árbitros são selecionados juntamente, a partir de uma lista de pessoas neutras da AAA. Há oportunidades adequadas para descobertas (o processo de pré-audição, de buscar evidência do outro lado). E, efetivamente, as determinações costumam ser semelhantes às dos dias quando os funcionários da Brown & Root a levaram para a corte.

Importante, para ambos os lados, é que a justiça também vem rapidamente. Durante os primeiros cinco anos de sua operação, o programa lidou com aproximadamente 3 mil queixas de todo tipo, variando de reclamações de erros a assédio sexual. Cerca de 40% delas foram resolvidas no espaço de um mês, e 60% foram resolvidos dentro de um período de oito semanas. Só 40 dos 3 mil casos foram para arbitragem, que, embora seja um processo longo, ainda é significativamente menor do que o litígio.[12]

E o que dizer dos efeitos? Pelas estimativas da companhia, despesas jurídicas de disputas de emprego estão agora mais baixas, entre 30% e 50% dos custos anteriores ao programa. Sobretudo, o preço anual do programa é substancialmente menor do que o custo que uma grande disputa no tribunal valeria a ambos os lados.[13] Além disso, rastreando os padrões das reclamações mais cuidadosamente, a companhia pode corrigir os problemas sistêmicos e recorrentes antes que eles apareçam. A demissão está em baixa, também. A Brown & Root diz que, desde sua introdução, o programa de solução de conflitos já ajudou a reter mais de 300 funcionários valiosos.

Critérios justos é o segredo para o sucesso deste programa. É o que fez da Brown & Root um nome conhecido em círculos de solução de conflitos. Construindo uma sensibilidade à adoção de critérios justos, a companhia projetou um sistema efetivo de administração de conflitos que trabalha com vantagem para todos os lados.

DESENVOLVIMENTO DE UM SISTEMA JUSTO E COMPENSADOR

Um sistema legítimo de justiça no trabalho requer várias coisas. Entre os elementos mais importantes está a acessibilidade a todos os funcionários, conhecimento prévio de que certos comportamentos são inaceitáveis, pronta e completa investigação quando estes comportamentos supostamente acontecerem, chances iguais para todas as partes interessadas darem suas versões, imparcialidade da parte de quem fará o julgamento e garantia do cumprimento do que for determinado. O sistema deve declarar a inocência do inocente e a culpa do culpado, e as punições devem ser adequadas à gravidade dos conflitos.

Porém, o sistema não precisa ser formal ou caro para que seja justo. Especialmente em operações menores, simples políticas de portas abertas podem, freqüentemente, assegurar uma justiça tão eficaz quanto tabelas elaboradas de observação, arbitragens ou mediação – desde que a política seja administrada com probidade. Um modo para determinar a eficácia de uma política deste tipo é fazer este questionamento: a pessoa encarregada de solucionar conflitos preocupa-se o bastante com o uso de critérios justos na essência e na prática do processo para proteger os direitos de todos os envolvidos? Uma resposta positiva indica uma política de critérios justos e corretos.

E quando aquele que toma a decisão é um cristão, a resposta deve ser um inequívoco "sim".

Cristãos – e gestor cristãos, por extensão –, adoram um Deus justo, de modo que os outros devem ver esta justiça através de nós. Adoramos um Deus que se preocupa em garantir o direito do inocente e punir de forma justa o culpado. Como gerentes cristãos, devemos ter o mesmo tipo de preocupação. Da mesma maneira, cada vez que um conflito surge entre os subordinados de uma pessoa, e cada vez que um subordinado é acusado de algum tipo de conduta irregular, o gerente cristão tem a oportunidade de agir de acordo com o modelo de Deus, assegurando um processo justo e adequado ao solucionar o problema.

Décimo Nono Princípio

Livre-se do que É Desnecessário

A cadeia de hotéis Days Inns da América começou como uma companhia baseada nos princípios cristãos. Seu fundador, Lon L. Day Jr., buscou honrar a Deus montando instalações orientadas para a família, não servindo bebidas alcoólicas, dando mais de 2,5 milhões de Bíblias aos clientes e oferecendo uma grande parte dos lucros à caridade. Por seu esforço de 15 anos, Day prosperou, fazendo crescer a companhia para mais de 300 localidades.

Day também se preocupou muito com seus funcionários e chegou a contratar quatro capelães em tempo integral para ajudar os trabalhadores que estavam em necessidade. Ao mesmo tempo, incidentes no local de trabalho, assim como hostilidades e assédio sexual ocasionalmente resultavam na demissão dos funcionários problemáticos. De acordo com Day, os funcionários demitidos normalmente saíam com uma frase do tipo: "Você não pode me despedir. Eu pensei que esta era uma companhia cristã!" A resposta de Day para eles seria simples. "Deus sempre lhe dará uma segunda chance, mas você já teve sua segunda chance conosco!"[1]

Alguns gestores não têm qualquer dificuldade para deixar os funcionários sair da empresa, mas, para outros, a simples perspectiva de ter de demitir um subordinado pode fazer do mais equilibrado dos executivos um novato, roendo unhas. E quando aquele profissional também é um cristão, há a dificuldade somada de conciliar a demissão com a chamada de Deus para o serviço, o perdão e o amor. Como conseqüência, demitir pessoas de uma organização contra a vontade delas é, provavelmente, a mais árdua das tarefas que a relação entre funcionários e patrões pode oferecer ao gerente cristão.

Entretanto, uma coisa deve ser deixada clara em qualquer livro de administração que seja baseado na Bíblia: *Em nenhuma parte das Escrituras Sagradas há apoio para a noção de que seja pecado um patrão cristão despedir um subordinado.* A Palavra de Deus não proíbe *per se* dispensar as pessoas. Muito pelo contrário, como veremos em seguida, sob certas circunstâncias, demitir um funcionário não apenas é sancionado como incentivado pelas Escrituras Sagradas.

Neste caso – apesar de isto não poder ser enfatizado demais –, além dos conceitos relacionados a critérios justos, discutidos no Décimo Oitavo Princípio, e das restrições governamentais que existem nesta área, há muitas outras responsabilidades que a Lei de Deus impõe aos cristãos, antes que possamos invocar a versão trabalhista da *pena capital*, ou seja, a demissão. Como sempre, Deus fixou um padrão mais alto de conduta para aqueles que seguem seu Filho. Também, como sempre, alguns dos ensinos mais claros neste assunto derivam do Livro de Provérbios.

Provérbios sobre Demissão de Funcionários

O gestor deve perdoar?

Como notamos, a maioria dos homens e mulheres de negócio cristãos está perplexa, até mesmo confusa, sobre a questão da demissão de funcionários. De um lado, sabemos que a graça é o pilar central do Novo Concerto. A cruz é o sacrifício de Deus para perdão de nossos pecados, e assim como o Senhor nos perdoa, devemos perdoar os outros (Ef 4:32). Demitir não é perdão. De fato, parece ser o oposto radical! Além disso, até mesmo no Antigo Testamento, como ilustrado em Provérbios 19:11, nós lemos das virtudes do perdão e da paciência para com aqueles que nos ofenderam.

A discrição do homem o torna longânimo, e sua glória é perdoar as injúrias.

Assim, nós, os cristãos, devemos, sem sombra de dúvida, refletir a graça de Deus para essas pessoas que trabalham para nós. Isto não é motivo de controvérsia. O problema é que o Antigo e o Novo Testamentos também atestam, de maneira inequívoca, que é completamente apropriado excomungar indivíduos de um grupo por causa do comportamento deles.

GRAÇA *VERSUS* DISCIPLINA

A tensão parece ser a graça para deixar passar uma ofensa *versus* a disciplina necessária para violar regras. Em Provérbios, duas passagens se destacam sobre esta questão:

Lança fora o escarnecedor, e com ele se irá a contenda; cessarão as demandas e a ignomínia.

PROVÉRBIOS 22:10

Tira da prata a escória, e sairá vaso para o ourives; tira o perverso da presença do rei, e o seu trono se firmará na justiça.

PROVÉRBIOS 25:4,5

Provérbios 22:10 deixa claro que a remoção de indivíduos problemáticos tem o efeito de reduzir conflitos. Cavando um pouco mais fundo, a palavra traduzida aqui como "escarnecedor" leva a conotação de maldizente e falador arrogante. Esta é uma pessoa cuja sensação de auto-suficiência cria conflitos e, geralmente, causa rupturas no ambiente de trabalho. O versículo nos dá a luz verde para desalojar tais pessoas de nosso local de trabalho.

Provérbios 25:4,5 constrói este pensamento com uma promessa que vai além da limitação do conflito. *Escória* é o resíduo que fica após um minério ser purificado através do fogo. Do material fundido emerge o elemento puro, que, neste caso, é a prata, um material bem útil para o forjador. Igualmente, para um grupo de trabalho ser tão produtivo quanto possível, sua escória, quer dizer, sua parte *perversa* – os que são desleais em palavras ou em ações para com o líder – e, conseqüentemente, os "escarnecedores", devem ser postos para fora. O que deveria ser o resultado natural deste "processo de purificação"? O provérbio ensina que o trono do rei "se firmará na justiça". Em um moderno contexto empresarial, a purgação destes funcionários do grupo, de certo modo, pavimenta o caminho para o sucesso e para o tipo de liderança que honra a Deus.

Achamos uma instrução paralela e equivalente no Novo Testamento, em 1 Coríntios 5, onde Paulo alerta a comunidade pelo fato de tolerar uma pessoa perniciosa e sexualmente imoral no seio da igreja. Essa pessoa deveria ser colocada para fora do grupo imediatamente, escreve o apóstolo, por causa da potencial contaminação da sociedade. "Não é boa a vossa jactância. Não sabeis que um pouco de fermento leveda a massa toda?" Paulo lhes perguntou retoricamente. Em seguida, ofereceu o remédio: "Lançai fora o velho fermento, para que sejais nova massa, como sois, de fato, sem fermento. Pois também Cristo, nosso Cordeiro pascal, foi imolado" (1 Co 5:6,7).

As Escrituras em Provérbios e de 1 Coríntios sugerem uma tensão no texto entre perdoar e expulsar – uma tensão que está no cerne da confusão que o gestor cristão experimenta na hora de demitir funcionários. Considerando que ações competitivas são descritas por Deus, qual é, então, sua vontade nesta área?

TRÊS LIÇÕES BÍBLICAS SOBRE A POSSIBILIDADE DA DEMISSÃO

Como é freqüentemente o caso nas Escrituras, é através da comparação de textos aparentemente incompatíveis que nós, em última instância, reconhecemos as instruções de Deus. Harmonizando passagens que apontam em direções diferentes, freqüentemente ganhamos a compreensão de um princípio bíblico mais complicado, compreensão esta não articulada em apenas uma passagem. Por estes textos, Deus realmente oferece três lições para o gerente cristão que está se deparando com a questão do desligamento de um funcionário.

Primeiramente, a tensão destes ensinos pode ser interpretada como uma lembrança divina de que raramente há uma resposta rápida e fácil para ofensas sérias, capazes de ser motivo de demissão no trabalho. Em negócios, às vezes tratamos tais problemas como tendo uma solução simples, mas este é um julgamento inadequado. Deus nos mostra, através de seu ensino duplo, que o gestor cristão nunca deve impetuosamente despedir um subordinado, nem deve negligenciar toda ofensa de maneira ingênua. Nenhum dos extremos satisfaz o preceito bíblico. Então, a lição número 1 é *evitar decisões precipitadas sobre demitir ou reter funcionários,* optando, em vez disto, pelo caminho mais demorado de investigação e reflexão prudente.

Em segundo lugar, a Bíblia instrui que a atitude que deve prevalecer ao longo do processo de tomada de decisão deve ser de paciência e perdão. Dos dois ensinos que se mantêm em tensão um com o outro, a graça é claramente superior. Novamente, isto não implica que nunca se possa despedir um funcionário. Esta é uma simplificação exagerada. Na verdade, a lição 2 é que, para o que toma a decisão, *a graça deve envolver a lei em todas as fases deste incômodo processo.* Na prática, isto significaria que o gestor cristão deve oferecer oportunidades aos funcionários de corrigir os problemas, avaliar se as dificuldades do funcionário são, na verdade, em função de uma administração ineficaz e pensar em oferecer ajuda aos funcionários que enfrentam a experiência da demissão (mais implicações sobre esta lição são apresentadas na próxima seção).

A lição três é que, *ocasionalmente, não só será apenas apropriado, mas também bastante recomendável, retirar um funcionário da folha de pagamento.* De uma perspectiva bíblica, um indivíduo que impede a liderança de uma pessoa, que arrogantemente despreza outros, que cria sempre conflitos, que é corrupto ou que não consegue seguir as regras do trabalho, é equivalente à "escória" que deve ser removida para o bem comum. O gerente cristão, como todos os outros gestores, não só tem um dever para com os funcionários, mas para com a empresa, também. As administrações de empresas sérias determinam que encrenqueiros, criminosos e até pessoas com baixo desempenho no trabalho devem ter as relações com a organização cortadas. Não há nenhum pecado nisto, se é feito com a atitude própria e usando os procedimentos formais.

No todo, então, harmonizar as dificuldades com as Escrituras dá margem a importantes reflexões sobre assuntos complexos. Deus chama o gerente cristão para sempre investir um tempo significativo e muita energia nesta decisão conseqüente, equilibrando, de forma justa, padrões e compaixão – a lei e a graça –, sempre que a questão da demissão surge.

DICAS SOBRE DEMISSÕES BASEADAS EM REALIDADES BÍBLICAS E SECULARES

CONSIDERAÇÕES JURÍDICAS E SEGURAS

Até mesmo aqueles que não reconhecem a prescrição de Deus para demitir com cuidado, freqüentemente agem com cautela. Isto, em grande parte, porque a demissão de funcionário evoluiu para um negócio arriscado, principalmente nos Estados Unidos. Primeiro, há uma pergunta na mente de todo gestor, que custa 64 mil dólares: "Nós seremos processados?" (de fato, a pergunta parece valer bem mais do que 64 mil dólares, atualmente). A fiscalização governamental sobre as relações de trabalho está em todas as instâncias, desde a federal, passando pela estadual e chegando às legislações municipais para regulamentação administrativa do direito comum. Uma pessoa mal pode estabelecer uma política ou tomar qualquer decisão sobre relações trabalhistas sem considerar a opinião do Governo. Além disso, as estatísticas da Comissão para Oportunidades Iguais de Emprego dos Estados Unidos atestam que há até mesmo mais motivos para preocupação hoje do que em anos passados. Ações sobre discriminação de funcionários aumentaram em mais de 25% nos últimos seis anos, passando de aproximadamente 64 mil dólares em 1991 para mais de 80 mil, em 1997.[2]

Além de se isolar da responsabilidade jurídica em assuntos relativos à demissão de funcionários, gestores também devem levar em consideração o fator segurança. De acordo com a Agência de Estatísticas Operárias dos Estados Unidos, agressões são a segunda causa principal de mortes dos locais de trabalho (atrás, apenas, de acidentes com transporte),[3] e muitas delas acontecem devido à raiva de receber um aviso de demissão. Histórias de ex-funcionários perseguindo o chefe anterior ou invadindo o departamento de recursos humanos com um taco de beisebol tornaram-se comuns nas últimas décadas e levaram os gestores a prestar ainda mais atenção no processo de demissões.

Há, ainda, a vingança da pessoa não litigiosa e não violenta. Pessoas que se sentem zangadas por terem sido demitidas estão encontrando modos cada vez mais criativos de se vingar de seus chefes antigos, desde a divulgação de segredos da corporação até a sabotagem de arquivos de computador, passando até por desfalques. Por exemplo: há vários anos, um restaurante de Chicago chamado Cantina da Festa e Grill fechou sem qualquer aviso aos funcionários. Para piorar, os cheques de pagamento final dos funcionários voltaram sem fundos, enquanto os donos continuaram operando outro restaurante na cidade. Um ex-funcionário tentou *empatar a partida*, levando sua família para o outro restaurante do ex-empregador. Fez uma despesa de aproximadamente 600 dólares em comida e vinhos, e apresentou como pagamento o cheque sem fundos que recebera.[4]

A verdade é que não faltam razões para ter um bom *jogo de cintura* na hora de demitir um funcionário. Por isso, agora existe literatura útil e prática para melhor desenvolver esta habilidade. O que segue são algumas dicas, emprestadas destes livros, para levar a cabo um processo de demissão que não infrinja os estatutos divinos.[5]

Entendendo as leis trabalhistas

A maioria dos especialistas em demissões de funcionários recomenda que o gerente tenha uma familiaridade geral com a estrutura e os parâmetros da Lei Trabalhista. Dada a força desta lei, trata-se de uma decisão sábia. Limitações de espaço impedem uma explicação mais ampla das exigências legais, mas vários recursos existem tanto em forma de livro quanto na internet para fornecer ao gestor uma avaliação mais completa da dimensão legal da administração de funcionários.

Originando-se, em grande parte, das preocupações legais, a literatura prática também alerta sobre a importância de haver coerência total no processo de demissão de um funcionário. Erros sem fundamento devem continuar sendo erros sem fundamento, e os critérios justos que devem nortear os processos de demissão não devem variar de acordo com a natureza do mau procedimento. Se um funcionário adquire o direito de ser ouvido pela diretoria, todos os funcionários devem ter este mesmo direito. Se a um empregado é dada uma última chance, depois de ele fracassar em um teste sobre consumo de drogas, este direito também deve ser estendido aos outros empregados da empresa. Em geral, quanto mais coerentes são os procedimentos no processo de demissão, menos munição tem o funcionário para mover uma ação por motivo de discriminação ou sem razão.

Além disso, e derivando novamente das preocupações legais, um gestor deve documentar tudo, desde as deficiências de desempenho até problemas de comportamento ou conversações com o funcionário. No entanto, incidentes e outros problemas não devem ser documentados sem o conhecimento do funcionário. Quando um gerente faz disto uma prática para alertar ou aconselhar o funcionário a cada problema que se sucede, a necessidade da demissão raramente virá como uma surpresa. E menos surpresas traduzem-se em menos reações agressivas ou ações trabalhistas dos funcionários.

Por último – e, de certa maneira, de acordo com a sabedoria convencional –, é uma boa prática despedir o funcionário *no começo da semana, em lugar de fazê-lo no fim.* Tradicionalmente, os funcionários são mandados embora às sextas-feiras. Mas diversos casos reais indicam que isto simplesmente só serve para deixar o funcionário demitido de *cabeça quente* durante o fim de semana inteiro, reagindo mais violentamente na segunda-feira. Despedir no início da semana desinflama o efeito da raiva, porque o funcionário pode começar a buscar emprego já no dia seguinte.

A REUNIÃO PARA COMUNICAR A DEMISSÃO

Todos os pontos do Décimo Quarto Princípio, "Seja cuidadoso ao criticar", devem ser aplicados aqui; mas podemos enfatizar e adicionar alguns itens específicos sobre demissões. Primeiramente, sempre é uma boa idéia ter a reunião em um local privado. Os especialistas são unânimes neste ponto, e por boas razões. Uma demissão pública ou quase pública é humilhante e gera sentimentos de vingança.

Em segundo lugar, mantenha a reunião relativamente curta e focada no tema principal. As críticas devem ser honestas e factuais, e devem evitar conclusões subjetivas ou inaceitáveis. O gestor deve explicar, com calma, a razão para a decisão, e deve evitar discutir com o funcionário. Alguns podem achar isto difícil de fazer, especialmente se o funcionário joga a culpa na administração ou se torna verbalmente agressivo. Mas discutir só aumenta a tensão de uma situação já difícil. Por isso, os gestores devem permitir que os funcionários desabafem suas frustrações sem reagir a cada uma delas.

Terceiro: muitos recomendam que o gestor dê ao funcionário a chance de pedir demissão, em lugar de ser mandado embora. Para alguns trabalhadores, isto não se parecerá com nenhuma escolha, mas, para muitos outros, é uma boa oportunidade para *livrar a cara*. Especialmente a respeito do funcionário que já percebia a que situação estava chegando, ele pode reagir com menos amargura sobre a situação, se puder contar aos outros que ele mesmo pediu para sair da empresa. No entanto, o funcionário deve ser avisado que a demissão voluntária, em geral, tira dele o direito a alguns benefícios que as leis trabalhistas garantem a quem é demitido, como o Fundo de Garantia por Tempo de Serviço (FGTS).

Em quarto lugar, esteja seguro de ter todas as informações sobre os benefícios disponíveis para os funcionários. O seguro-desemprego pode ser requerido? Haverá alguma indenização em função da demissão? Quais outros benefícios estão disponíveis aos funcionários demitidos? A reunião para comunicar a demissão é a hora ideal para apresentá-los, desde que eles oferecam um raio de luz, no caso de a conversação ficar muito difícil.

EM BUSCA DO BEM-ESTAR DO FUNCIONÁRIO

Como discutido em vários pontos ao longo deste livro, geralmente há alternativas para se despedir um empregado. Uma atitude de graça, paciência e compaixão vai, em muitos casos, conduzir à conclusão de que algo mais pode ser feito para reter a pessoa, seja na função atual ou em outra posição na empresa. Porém, quando o administrador conclui, com certeza, que um funcionário deve ser demitido, há algumas considerações adicionais, coerentes com as Escrituras, das quais este gestor deve se lembrar.

O objetivo central é evitar que se leve prejuízo à causa de Cristo nesta ação aparentemente severa. Um modo para fazer isto é prover indenização suficiente para permitir ao funcionário a transição para outro trabalho de uma maneira tranqüila, sem rupturas financeiras. Adicionalmente, levando em conta a preocupação de Deus com a estabilidade familiar, um gestor também precisa levar em conta a situação familiar do funcionário, tanto na decisão de demitir quanto na definição do tamanho da indenização.

Outros meios para manter esta pessoa com os pés no chão são prover pessoalmente alternativas de lugares para ela trabalhar ou pagar uma firma profissional para ajudá-la a encontrar outro trabalho satisfatório. Fazer uma carta de recomendação também é útil. Se o funcionário foi demitido simplesmente por causa de uma situação que não tem solução, ofereça a ele uma carta de recomendação que explique a situação.

PACIÊNCIA, PERDÃO... OU DEMISSÃO?

Durante o curso do tempo de carreira de uma pessoa, poucos gestores poderão evitar lidar com comportamentos negativos que precisam ser controlados e com pessoas que devem ser responsabilizadas por suas ações. De forma geral, as situações não serão nada parecidas com algo que o gerente poderia ter esperado ou planejado. Citando apenas um exemplo, analisemos o fiasco no Banco de Boston, em 1994. Numa noite fatídica, aproximadamente 15 executivos e representantes de vendas participaram de uma festa *selvagem* depois do horário de trabalho, que incluía homens e mulheres fazendo uma brincadeira chamada "jogo da barriguinha". O objetivo era tomar tequila tão depressa quanto possível do umbigo de um colega. Quando a imprensa pegou carona neste caso escandaloso de *coleguismo* no ambiente de trabalho, o banco teve de lidar com uma situação desastrosa, em termos de relações públicas.[6] Se o gerente responsável por disciplinar aquelas pessoas fosse um cristão, seria apropriado cortar algumas cabeças?

Como o árbitro definitivo do certo e do errado, a Palavra de Deus é sempre a nossa guia. Porém, no que concerne à demissão de funcionários, as Escrituras Sagradas não falam tanto sobre o que constituiria uma "justa causa" (certamente, não menciona o "jogo da barriguinha"), mas oferecem várias orientações quanto à forma como um gestor deve pensar. Como crentes naquele que morreu para nos dar o perdão, a graça deve ser a atitude básica. Isto é o que diretamente distingue os locais de trabalho cristãos de todo o restante. Quando um funcionário falha em alguma coisa (tanto em termos de comportamento quanto no do desempenho), *paciência* e *perdão* devem ser nossas atitudes.

E assim devem permanecer até que a linha relativamente indefinível do limite é cruzada. Embora a Bíblia seja menos detalhista do que gostaríamos que fosse, a Palavra de Deus mostra que há um ponto a partir do qual a demissão é uma ação tão legítima quanto correta. Enquanto a justiça é administrada dentro de uma atitude de graça, os empregados improdutivos e causadores de confusão podem ser realmente dispensados.

Porém, por estarmos lidando com o sustento de uma pessoa, o gestor cristão precisa ter uma precaução extrema e proceder com calma e de forma pensada. *Neste processo, quase todo princípio coberto neste livro se aplicará.* Nossa decisão é motivada totalmente por preocupações com o lucro? Consideramos a situação familiar do indivíduo? Culpamos indevidamente o treinamento? Estamos, de alguma maneira, quebrando uma relação de confiança com esta ação? Realmente medimos o nível de desempenho do funcionário a ser demitido? Estamos fazendo as críticas com sensibilidade? Um processo com critérios justos foi assegurado? Sobretudo, como gestores, estamos honrando Deus através de nossa decisão?

Levar Deus a sério tem implicações de longo alcance para o cristão no mundo dos negócios. Requer, entretanto, mais esforço do que teríamos de gastar normalmente. Exige o reconhecimento de constrangimentos que outras pessoas geralmente ignoram. E nos compele a um respeito pela dignidade das pessoas, algo que foge ao padrão da maioria das culturas corporativas e, talvez, seja contra nossa própria natureza humana.

Todas essas responsabilidades convergem na decisão inevitável de demitir alguém. Isto pode parecer inconveniente e pode ser um processo demorado, mas a vontade de obedecer fielmente aos mandatos de Deus é o sinal de uma testemunha no caminho de sabedoria. Deus não nos pede que retenhamos todo funcionário confiado a nós, mas ele sempre espera que levemos em conta sua vontade e honremos seu nome durante todo o processo.

Conclusão

Uma Estratégia de Aprimoramento Contínuo

Data: 10 de agosto de 1978. Um dia de verão limpo, agradável. Três adolescentes – duas irmãs e a prima delas – estavam viajando num Ford Pinto na Rodovia 33, perto de Goshen, Indiana (EUA). As meninas estacionaram o carro no acostamento. Minutos depois, apesar de a estrada estar seca e da visibilidade estar limpa milhas à frente, um furgão bate exatamente na traseira do pequeno carro delas. O carro explode, matando instantaneamente duas das meninas e ferindo gravemente a terceira, que depois também veio a falecer.

Esta não era a primeira vez em que um Ford Pinto tinha estourado em chamas depois de ser batido na traseira. Desde o seu lançamento, em 1970, a Ford Motor havia recebido relatórios periódicos de incidentes semelhantes. Porém, a empresa não precisou investigar a causa de quaisquer destes. A companhia sempre soube que isto era possível acontecer antes de vender o primeiro Ford Pinto.

Em resposta ao esmagador sucesso do Fusca, da Volkswagen, e enfrentando o espectro da incursão dos japoneses no mercado norte-americano, a Ford teve de entrar no lucrativo negócio de carros compactos rapidamente. Assim, no fim da década de 1960, criou um plano para produzir um veículo em um tempo recorde – 25 meses, do princípio ao fim da produção (a média de indústria era de aproximadamente 43 meses. Além da falta de tempo, a alta administração tinha imposto restrições de peso e de custo na engenharia do carro, traduzidas no *slogan* "os limites dos 2 mil". O carro não podia pesar nem uma libra a mais do que 2 mil (900 quilos), e não podia custar um centavo a mais do que 2 mil dólares.

O tempo e os parâmetros de custo ambiciosos culminaram em novos desafios de produção. Primeiramente, embora um fabricante de automóveis normalmente complete o projeto, o estilo, o planejamento do produto e a sua engenharia antes que qualquer equipamento de produção seja concluído, para o Ford Pinto o maquinário teve de ser construído simultaneamente ao desenvolvimento do produto. Isto provocou o *engessamento* do projeto básico inicial do carro. Aquele projeto pedia que o tanque de combustível fosse situado entre o pára-choque traseiro e o eixo, a meras sete polegadas (menos de 18 centímetros) da parte de trás do carro. Como a Ford descobriu mais tarde, esta era uma falha fatal do projeto. Quando a empresa fez o teste de acidente em vários modelos do automóvel, concluiu que, nos casos de colisões em velocidades relativamente baixas (50 km/h), os pinos do eixo traseiro romperiam o tanque de combustível. De fato, dos onze modelos Pinto testados em acidentes, oito sofreram perfurações potencialmente desastrosas no tanque de combustível.[1] O risco de a fiação elétrica daquela parte do veículo soltar faíscas em caso de impacto aumentava a probabilidade de o carro explodir.

Isto conduziu ao próximo desafio de produção: resolver o problema dentro dos "limites dos 2 mil". Uma opção era reprojetar e recolocar o tanque num local mais seguro. Um modelo mais antigo da Ford, o Capri, havia incorporado esta solução de desenho, mas o tempo e o custo impediram que se fizesse o mesmo com o modelo Pinto. Além disso, a recolocação reduziria o espaço da mala, algo que a Ford considerou essencial para manter competitividade nas vendas. Outra opção era deixar o tanque onde estava, mas modificá-lo um pouco, de forma que não fosse perfurado tão facilmente. Os custos totais de modificação seriam de 11 dólares por veículo.[2]

A Ford fez alguns cálculos para averiguar o custo e a eficácia da proposta dos engenheiros. Estes cálculos, apresentados para avaliação em 1977, somaram-se a uma análise custo/benefício. O custo da Ford para consertar o problema seria de 11 dólares por carro, multiplicado por 12,5 milhões de carros – aproximadamente 137 milhões de dólares. A produção também seria postergada, aumentando o preço do carro e somando algumas gramas a seu peso. No outro lado da equação, se a companhia escolhesse não fazer nada, ela previa 180 mortes e 180 incêndios sem vítimas fatais devido a explosões do tanque de combustível. A determinação do tribunal prevista para a Ford era de 200 mil dólares por vida humana e de 67 mil dólares por cada pessoa que sobrevivesse aos incêndios. Depois de somar o custo de substituição dos carros destruídos, o valor calculado pela Ford, se deixasse o projeto inalterado, era de 49.530.000 dólares.

Baseado nesta análise puramente financeira, a Ford optou em não fazer a modificação de segurança que custaria 11 dólares em cada unidade dos modelos Pinto.[3]

É paradoxal que vivamos num mundo que tanto condena quanto incentiva este tipo de pensamento. A opinião pública ficou chocada com a decisão da Ford de trocar conscientemente 11 dólares por carro pelas vidas de pessoas – a ponto de o Ford Pinto tornar-se um caso clássico de tomada de decisão antiética. Os veredictos, nos casos do modelo, refletiram isto parcialmente. Para a Ford, eles estavam errados. Acionada em Indiana por responsabilidade pelo produto sob a então nova causa de "negligência criminal", a Ford foi absolvida, mas depois concordou em pagar uma quantia de 22,5 mil dólares para as famílias envolvidas no acidente de Goshen. Em outro caso jurídico mais tradicional, um tribunal da Califórnia conseguiu 128 milhões de dólares para uma vítima das deficiências do Ford Pinto. No geral, entretanto, este exemplo veio a representar os negócios sob os seus piores aspectos.

Mas não podemos apontar apenas uma empresa para explicar este tipo de decisão. Em quase *todos* os cenários empresariais, há pressões diárias e incessantes para que gestores permitam que questões mais importantes dominem todas as outras. Em um negócio, via de regra, as "questões mais importantes" resumem-se, obviamente, à margem de lucro. Em muitas empresas sem fins lucrativos, isto pode ser a "causa" (objetivo) ou, mais basicamente, manutenção de recursos financeiros. Em uma igreja, poderia ser a quantidade de membros e os cofres. Pressões mundanas e definições de sucesso orientam as pessoas, de forma sutil – e, muitas vezes, quase inconscien-temente –, a prioridades enganosas, o extremo do que é ilustrado pela decisão da Ford sobre o modelo Pinto.

Considerando que os cristãos estão pouco imunes a esta transformação que está sendo introduzida nos ambientes de trabalho, a questão crucial da fé torna-se a seguinte: *como podem aqueles que têm fé resguardar-se contra isto?* O que o gerente cristão pode fazer para evitar a corrupção de seu caráter quando imerso em um ambiente de pensamentos laicos que freqüentemente minimizam considerações éticas?

A resposta não é fácil. As suas muitas facetas são os tópicos de incontáveis livros que se dedicam a enfocar uma relação pessoal madura com Cristo, uma vida de oração bem-desenvolvida, a participação em grupos de crescimento espiritual e assim por diante. O Livro de Provérbios também fala sobre esta questão e nos adverte que *podemos nos resguardar contra a confiança na sabedoria mundana, estudando regularmente a sabedoria de Deus.*

Através de Provérbios, Deus nos convoca a que nos exponhamos e nos submetamos à sua sabedoria como algo central em nossas vidas. Pense em duas das muitas passagens sobre esta questão:

> *Filho meu, atenta para as minhas palavras; aos meus ensinamentos inclina os ouvidos. Não os deixes apartar-se dos teus olhos; guarda-os no mais íntimo do teu coração.*
>
> *PROVÉRBIOS 4:20,21*

> *Filho meu, atende a minha sabedoria; à minha inteligência inclina os ouvidos para que conserves conserves a discrição, e os teus lábios guardem o conhecimento.*
>
> *PROVÉRBIOS 5:1,2*

Esteja atento. Escute bem de perto. "Não os deixes *[os ensinamentos do Senhor]* apartar-se dos teus olhos; guarda-os no mais íntimo do teu coração." Por quê? Para que possamos manter a discrição e falar sabiamente – para que possamos aplicar a sabedoria de Deus de forma coerente em um mundo que tão freqüentemente funciona com um grupo diferente de regras.

Estas são as palavras apaixonadas de um pai, Salomão, para o seu filho. E são palavras inspiradas por Deus, do Pai divino para os seus filhos. Há um tom de urgência nessas palavras. Através delas, recebemos algumas reflexões muito importantes do Livro de Provérbios – reflexões sobre como manter nossa direção cristã e evitar deslizes diante da forma como o mundo encara as relações humanas. Sem dúvida alguma, Provérbios nos fala que a *aplicação* coerente da sabedoria de Deus requer um *comprometimento* coerente com a sabedoria do Senhor.

No entanto, parece que relativamente poucos cristãos usam o Livro de Provérbios deste modo (ou talvez nem o usem para esta questão). Muitas outras coisas ocupam o nosso tempo, e quando finalmente damos importância às Escrituras, muitos outros livros aparentemente mais importantes atraem nossa atenção. Em lugar de confiar em Provérbios para reagir contra a corrupção de nossas mentes, muitos de nós só abrimos este livro de forma acidental, quando viramos as páginas à procura de Salmos.

Para aqueles entre nós que, por qualquer razão, negligenciam o ensinamento do Pai para prestar atenção à sua sabedoria, Provérbios 19:27 fala claramente sobre as possíveis conseqüências:

> *Filho meu, se deixas de ouvir a instrução, desviar-te-ás das palavras do conhecimento.*

O versículo nos diz o que sabemos ser verdade por experiência pessoal. Quando há um hiato em nossa dependência da sabedoria de Deus – quando deixamos de escutar a instrução –, tornamo-nos cada vez mais surdos ao conselho de sua Palavra sobre a tomada de decisões. Tendemos a nos desviar das "palavras de conhecimento", do caminho de Deus, a favor de uma alternativa nada agradável. No ambiente de trabalho, muitos de nós construímos nossa base de gestão sobre a areia movediça da experiência humana, em vez de construí-la sobre a pedra da sabedoria divina. O resultado natural é que afundamos em qualquer padrão de pensamento que seja comum na nossa empresa, ficando, assim, parecidos demais com os nossos colegas que não têm fé e dos que dizem tê-la. Infelizmente, a nossa surdez para a sabedoria de Deus torna mudo o nosso testemunho.

Como é típico do Livro de Provérbios, Deus mostra, diante de nós, dois – e somente dois – caminhos: o da sabedoria e o da loucura, e nos encoraja a escolher o mais difícil, o que o honra como Senhor. Podemos investir tempo na sabedoria de Deus e habitualmente escutar os seus ensinamentos, ou podemos fazer as coisas à nossa própria maneira e arriscar um desvio na rota.

Na sua graça, Deus nos fornece uma forma de corrigir os desvios dos pensamentos empresariais seculares. Ele prescreveu um antídoto para as pressões mundanas que nos incitam a dar ênfase aos fundamentos errados. Este antídoto envolve a programação de um tempo para estudar e refletir sobre a sabedoria de Deus – ler um capítulo de Provérbios por dia durante 31 dias e repetir o procedimento a cada dois ou três meses. Ou talvez mais, se possível.

Tirar cinco ou dez minutos por dia para ler os provérbios é uma forma poderosa de combater a nossa tendência a nos desviar das "palavras de conhecimento". Isto pode nos prevenir de confiar em pensamentos seculares no trabalho, recordando-nos regularmente de que é fundamental respeitar e confiar em Deus. E se a pessoa pode tirar um tempo para fazer isto na *toca da raposa* que é seu ambiente de trabalho, melhor ainda. A sabedoria essencial de Deus, de alguma forma, se impõe imediatamente diante de tudo que estava nos motivando momentos antes. Ela traz o nosso trabalho de volta a uma perspectiva eterna e nos ajuda a tomar decisões que dão glória ao Senhor.

Esta é a divina estratégia de Deus, ordenada para nosso aprimoramento contínuo, para criar em nós o hábito de escutar o ensinamento do Senhor. É uma estratégia cujos profundos resultados não podem ser resumidos de melhor modo do que através do próprio Livro de Provérbios:

> *Filho meu, se aceitares as minhas palavras e esconderes contigo os meus mandamentos, para fazeres atento à sabedoria o teu ouvido e para inclinares o coração ao entendimento, e, se clamares por inteligência, e por entendimento alçares a voz, se buscares a sabedoria como a prata e como a tesouros escondidos a procurares, então, entenderás o temor do SENHOR e acharás o conhecimento de Deus.*
>
> *PROVÉRBIOS 2:1-5*

Notas

Introdução: Por que administrar usando o Livro de Provérbios

1. Frey, Robert. "The Empowered and the Glory: A Firm's Turbulent Turnaround." In: *The Washington Post*, 26 de dezembro de 1993, H1.

2. Para uma melhor compreensão do sistema de Ford, veja Meyer III, Stephen. *The Five Dollar Day: Labor, Management and Social Control in the Ford Motor Company, 1908-1921*. Nova York: State University of New York, 1981. Para iniciar a reflexão sobre o pensamento de Rockefeller, veja Rockefeller Jr, John D. "Labor and Capital-Partners." In: The Atlantic Monthly, janeiro de 1916, pp. 12-21.

3. Veja, por exemplo, Pfeffer, Jeffrey, *Competitive Advantage Through People*. Cambridge, Mass: Harvard Business School Press, 1996; Departamento de Trabalho dos Estados Unidos, *High Performance Work Practices*. Washington, DC: Government Printing Office, 1993; e Huselid, Mark, "The Impact of Human Resource Manage-ment Practices on Turnover, Productivity and Corporate Financial Performance". In: *Academy of Management Journal*, 38.3, 1995, pp. 635-72.

4. BLANCHARD, Ken & WAGHORN, *Terry. Mission Possible: Becoming a World-Class Organization While There's Still Time.* Nova York: McGraw-Hill, 1997, p. 55.

5. DRUCKER, Peter. "How to Make People Decisions". In: *Harvard Business Review,* julho/agosto de 1985, p. 54.

6. SWINDOLL, Charles R. (ed. ger.). *The Living Insights Study Bible.* Grand Rapids: Zondervan, 1996, p. 632. Swindoll é presidente do Seminário Teológico de Dallas.

7. Compilado e adaptado de "A Theology of Proverbs." In: ZUCK, Roy B. (ed.). *Learning from the Sages: Selected Studies on the Book of Proverbs.* Grand Rapids: Mich: Baker, 1995, pp. 107-110. O primeiro texto apareceu em "A Theology of the Wisdom Books and the Song of Songs". In: ZUCK, Roy B. (ed.). *A Biblical Theology of the Old Testament.* Chicago: Moody, 1991, pp. 240-42.

8. BRIGHT, John. *A History of Israel,* 3ª ed. Louisville, Kent.: Westminster Press, 1981, p. 214.

9. Veja, como exemplo, CHILDS, Brevard. *Introduction to the Old Testament as a Scripture.* Minneapolis: Fortress, 1979, pp. 552-55.

10. PARSONS, Greg W. "Guidelines for Understanding and Proclaiming the Book of Proverbs." In: ZUCK, Roy B. (ed.). *Learning from the Sages,* p. 161.

11. COTTERELL, Peter, e TURNER, Max. *Linguistics and Biblical Interpretation.* Downers Grove, Illinois: InterVarsity, 1991, p. 192.

12. BULLOCK, C. Hassell. *An Introduction to the Poetic Book of the Old Testament.* Chicago: Moody, 1988, p. 162.

13. OSBORNE, Grant. *The Hermeneutical Spiral.* Downers Grove, Illinois: InterVarsity, 1996, p. 195.

PRIMEIRO PRINCÍPIO: Dedique seu trabalho ao verdadeiro chefe

1. "Chick-fil-A: Best Run Companies." In: *Restaurants and Institutions*, 99, nº 14, 29 de maio de 1989, p. 52.
2. HOLMES, Cecile S. "We Can Accomplish Anything." In: *The Houston Chronicle,* 22 de junho de 1996, editoria de Religião, p. 1.
3. CARTER, Stephen. *A Culture of Disbelief.* Nova York: Doubleday, 1994, p. 13.

SEGUNDO PRINCÍPIO: Considere o lucro um meio, não uma finalidade

1. Esta história foi compilada das seguintes fontes: AUCOIN, Don e FERDINAND, Pamela. "In Lawrence, Hope Goes Up in Smoke". In: *Boston Globe,* 13 de dezembro de 1995, p. 37; MACQUARRIE, Brian. "Quiet Heroes Help Pick Up the Pieces." Idem, 13 de dezembro de 1995, p. 37; MACQUARRIE, Brian. "Workers Recall Fire's Fury." Idem, 14 de dezembro de 1995, p. 37; SALTUS, Richard. "Team Effort Saved Burn Victims." Idem, 17 de dezembro de 1995, p. 45; e BANISKY, Sandy. "Mill Boss Is no Grinch; Saves Town Christmas." In: *The Tampa Tribune,* 25 de dezembro de 1995, p. 1.
2. Informações sobre a ServiceMaster colhidas no *site* www.svm.com e de POLLARD, William. *The Soul of the Firm.* Grand Rapids: Zondervan, 1996.
3. Id. Ibid., pp. 18, 19.
4. Id. Ibid., pp. 75, 85.
5. Id. Ibid., p. 130.

Terceiro Princípio: Seja humilde

1. Shellenbarger, Sue. "A CEO Opens up about Loss and Finds He's a Stronger Boss". In: *The Wall Street Journal,* 10 de setembro de 1997, B1.

Quarto Princípio: Coloque a família antes do trabalho

1. Roeder, David. "CEO Picks Family over Job." In: *Chicago Sun-Times,* 25 de setembro de 1997, p. 3.
2. Enrico, Dottie. "Pepsi Chief Trades Work for Family." In: *USA Today,* 25 de setembro de 1997, p. 3B.
3. A Senhora Hughes explicou as razões aos jornalistas ingleses: assim como sua concorrente Brenda Barnes, na diretoria da PepsiCo, Penny Hughes desejou maior envolvimento com seus filhos. Veja Bone, James, e Bale, Joanna. "Pepsi Chief Quits to Watch her Boys Play Football." In: *The Times of London,* 25 de setembro de 1997, p. 1.

Quinto Princípio: Avalie duas vezes, contrate uma

1. Este relato é compilado das seguintes reportagens: "Gunmen Steal Chips from Computer Firm". In: *The Dallas Morning News,* 6 de dezembro de 1994, p. 1A; "Five Charged in '94 Theft on Microchips". In: *The Dallas Morning News,* 22 de março de 1997, p. 37A; "Computer Chips Hot Item for Mob Linked Thieves". In: *The Cincinnati Post,* 11 de abril de 1995, p. 2A.
2. Micco, Linda. "Gang Members Infiltrate the Workplace." In: *HR News Online.* Washington, DC: Society for Human Resource Management, 1997 (disponível na internet no *site* www.shrm.org/hrnews/articles/0623cd4.htm).

3. "Gang Members Infiltrating Chicago Police Department." In: *Des Moines Register,* 8 de outubro de 1995, p. 3.

4. O caso, conhecido como Malorney *versus* B&L Motor Freight, Inc., 496 N.E.2d 1086 (Ill. App. 1986), é citado em ROTHSTEIN, Mark e LIEBMAN, Lance. *Employment Law*, 3ª ed. Westbury, NY: Foundation Press, 1994, 143-46.

5. O Supremo Tribunal de Justiça dos Estados Unidos colocou este assunto sob o título de NLRB *versus* Town and Country Electric, Inc. 116 S.Ct. 450, 1995.

6. "Many Falsify Credentials, Qualifications." In: *Atlanta Journal-Constitution,* 11 de maio de 1992, p. B5.

7. BACHLER, Christopher J. "Résumé Fraud: Lies, Omissions and Exaggerations." In: *Personnel Journal,* 74, n. 6, junho de 1995, pp. 50-60.

8. Veja, por exemplo, GAEL, Sidney (ed.) *The Job Analysis Handbook for Business, Industry and Government, vols. 1 e 2.* Nova York: John Wiley & Sons, 1988.

9. "Reference Checking Leaves Employers in the Dark, SHRM Says." In: Press Release detailing the survey results, Society for Human Resource Management, 26 de junho de 1995 (disponível na internet no site www.shrm.org).

10. Considerando a importância das referências de caráter, entretanto, a pessoa pode evitar alguns dos dilemas, mantendo o processo de recrutamento em grande parte dentro da empresa. Tanto a promoção interna (veja décimo segundo princípio) e os sistemas de indicação de funcionário são estratégias de recrutamento de boa relação custo-benefício, que resultam na alocação de indivíduos de habilidades e reputação mais previsíveis.

11. Veja, por exemplo, BERNARDIN, H. John e COOKE, Donna K. "Validity of an Honesty Test in Predicting Theft Among Convenience Store Employees." In: *Academy of Management*

Journal, 36, nº 5, 1993, pp. 1097-1108. Veja também SACKETT, Paul R. e WANEK, James S. "New Developments in the Use of Measures of Honesty, Integrity, Conscientiousness, Dependability, Trustworthiness and Reliability for Personnel Selection." In: *Personnel Psychology* 49, nº 4, 1996, pp. 787-829.

12. Veja, por exemplo, HOGAN, Joyce e HOGAN, Robert. "How to Measure Employee Reliability." *Journal of Applied Psychology,* 74, nº 2, 1989, pp. 273-79.

13. Com relação a testes de integridade, veja ONES, Deniz S., VISWESVARAN, Chockalingham e SCHIMIDT, Frank L. "Comprehensive Meta-Analysis of Integrity Test Validities: Findings and Implications for Personnel Selection and Theories of Job Performance." In: *Journal of Applied Psychology,* 78, nº 4, 1993, pp. 679-703. Para provas sobre a validez de testes de personalidade, veja HOUGH, Laetta M. e outros. "Criterion-Related Validities of Personality Constructs and the Effect of Response Distortions on those Validities." In: *Journal of Applied Psychology,* 75, nº 5, 1990, pp. 581-95. Veja também ONES, Deniz S., VISWESVARAN, Chockalingham e REISS, Angelika D. "Role of Social Desirability in Personality Testing for Personnel Selection: The Red Herring." In: *Journal of Applied Psychology,* 81, nº 6, 1996, pp. 660-679.

14. Veja, por exemplo, MILKOVICH, George T. e BOUDREAU, John W. *Human Resource Management* (8ª ed.). Chicago: Irwin, 1997, p. 256.

15. Entre as mais recentes resenhas literárias a respeito da pesquisa através da entrevista estão a de ARVEY, Richard D. e CAMPION, Michael A. "The Employment Interview: A Summary and Review of Recent Research." In: *Personnel Psychology,* 35, nº 2, 1982, pp. 281-322; e a de HARRIS, Michael M. "Reconsidering the Employment Interview:

A Review of Recent Literature and Suggestions for Future Research." In: *Personnel Psychology,* 42, nº 4, 1989, pp. 691-720.

SEXTO PRINCÍPIO: Ofereça aos candidatos uma visão realista do trabalho

1. Para mais informações sobre este caso, veja "Club Med". In: Harvard Business School, caso 9-687-047, 1986; disponível pela HBS Press, Cambridge, Massachusetts, 800-545-7685.

2. As conclusões da pesquisa para esta seção derivam das seguintes fontes: MCEVOY, Glenn M. e CASCIO, Wayne F. "Strategies for Reducing Employee Turnover: A Meta Analysis." In: *Journal of Applied Psychology,* 70, nº 2, 1985, pp. 342-53; PREMACK, Steven L. e WANOUS, John P. "A Meta-Analysis of Realistic Job Preview Experiments." In: *Journal of Applied Psychology,* 70, nº 4, 1985, pp. 706-19; DEAN, Roger A. e WANOUS, John P. "The Effects of Realistic Job Previews on Hiring Bank Tellers." In: *Journal of Applied Psychology,* 69, nº 1 (1984), pp. 61-68; e MEGLINO, Bruce M., RAVLIN, Elizabeth C. e DENISI, Angelo S. "When Does it Hurt to Tell the Truth? – The Effect of Realistic Job Previews on Employee Recruiting." In: *Public Personnel Management,* 26, nº 3, outono de 1997, pp. 413-23.

3. Alguns dos comentários adicionais desta seção são derivados de WANOUS, John P. "Installing a Realistic Job Preview: Ten Tough Choices." In: *Personnel Psychology,* 42, nº 1, 1989, pp. 117-34.

4. Veja COLARELLI, Stephen M. "Methods of Communication and Mediating Processes in Realistic Job Previews." In: *Journal of Applied Psychology,* 69, nº 4, 1984, pp. 633-42.

SÉTIMO PRINCÍPIO: Selecione criteriosamente sua equipe administrativa

1. Reuters News Service, "Text of Boris Yeltsin's Televised Statement". In: *The New York Times,* 24 de março de 1998, p. A8.

2. Associated Press, "Yeltsin will Keep some Key Ministers." In: *The Cincinnati Post,* 24 de março de 1998, p. A2.

3. As informações sobre a American Greetings têm como fonte CAUDRON, Shari. "Plan Today for an Unexpected Tomorrow." In: *Personnel Journal,* 75, nº 9, setembro de 1996, pp. 40-45.

OITAVO PRINCÍPIO: Invista em treinamento

1. *Carroll E. Cutter versus Town of Farmington,* 498 A.2d 316, 1985, New Hampshire Supreme Court.

2. STEWART, Thomas A. "Is This Job Really Necessary? On Balance, Yes." *Fortune,* 12 de janeiro de 1998, pp. 154-57.

3. Veja, por exemplo, a extensa resenha literária sobre CASCIO, Wayne R. *Applied Psychology in Human Resource Management.* Upper Saddle River, NJ: Prentice-Hall, 1998, pp. 259-78.

4. PFEFFER, Jeffrey. "Seven Practices of Successful Organizations." In: *California Management Review,* 40, nº 2, inverno de 1998, p. 116.

5. Idem, p.114.

NONO PRINCÍPIO: Construa um clima de confiança institucional

1. Este caso foi compilado das seguintes fontes: O'BRIEN, Bridget. "In the Wake of Eastern Airlines' Demise, Rival Carriers

Swoop in for the Pieces." In: *The Wall Street Journal,* 21 de janeiro de 1991, p. B1; Bureau of National Affairs, "Machinists at Eastern Airlines Reject Settlement Package by More Than 98 Percent." In: *Daily Labor Reporter,* 22 de setembro de 1988, p. A-16; Bureau of National Affairs, "ESOP Hasn't Worked at Eastern, Executive Tells UCLA Conference." In: *Daily Labor Reporter,* 3 de março de 1988, p. A-2.

2. Veja ROBINSON, Sandra L. e ROUSSEAU, Denise M. "Violating the Psychological Contract: Not the Exception But the Norm." In: *Journal of Organizational Behavior,* 15, nº 3, 1994, pp. 245-59. Veja também FARNHAM, Alan. "The Trust Gap: Corporate America Is Split by a Gulf Between Top Management and Everybody Else – in Pay, in Perks, and in Self-Importance." In: *Fortune,* 4 de dezembro de 1989, p. 56.

3. MAYER, Roger C., DAVIS, James H. e SCHOORMAN, F. David. "An Integrative Model of Organizational Trust." In: *Academy of Management Review,* 20, nº 3, junho de 1995, pp. 709-34.

4. Veja 2 Samuel 5-10. Veja também BRIGHT, John. *A History of Israel,* 3ª ed. Philadelphia: Westminster, 1981, pp. 195-207.

5. Veja GAMBETTA, Diego (ed). *Trust.* Nova York: Basil Blackwell, 1988.

6. Veja, como exemplo, ROBINSON, Sandra L. "Trust and Breach of the Psychological Contract." In: *Administrative Science Quarterly,* vol. 41, nº 4, 1996, pp. 574-99.

7. ROBINSON, Sandra L., KRAATZ, Matthew S. e ROUSSEAU, Denise M. "Changing Obligations and the Psychological Contract: A Longitudinal Study." In: *Academy of Management Journal,* vol. 37, nº 1, 1994, pp. 137-52; e ROBINSON, Sandra L. e MORRISON, Elizabeth Wolfe. "Psychological Contracts and OCB: The Effects of Unfulfilled Obligations." In: *Journal of Organizational Behavior,* vol. 16, nº 3, 1995, pp. 289-98.

8. As informações sobre a Lincoln Electric vêm das seguintes fontes: SCHULER, Randall S. *Managing Human Resources*, 5ª ed. Minneapolis: West, 1995, pp. 155,156, 425-438, 718,19; e "The Lincoln Electric Company." In: *Harvard Business School* case 9-376-028, 1974. A análise do caso de 1974 está disponível na HBS Press, Cambridge, Massachusetts, telefone 800-545-7685.

DÉCIMO PRINCÍPIO: Reduza a tensão dos funcionários

1. MCHENRY, Raymond. *The Best of In Other Words...* McHenry: Houston, 1996, p. 339.
2. PARKER, M. e SLAUGHTER, J. "Management by Stress." In: *Technology Review*, 91, nº 1, 1988, p. 43. Para mais informações sobre este sistema, veja o website da NUMMI: *www.mitosys.com.*
3. Associated Press, "Ohio Health Care Company Embraces a Hugging Policy." In: *Florida Today*, 1º de fevereiro de 1998, p. E3.
4. As informações sobre as práticas administrativas da Redding Nursery foram obtidas de uma entrevista pessoal com Jim e Sheila McNamara, em 16 de julho de 1998.

DÉCIMO PRIMEIRO PRINCÍPIO: Valorize o que o funcionário diz

1. BOISJOLY, Russell P., CURTIS, Ellen Foster e MELLICAN, Eugene. "Roger Boisjoly and the Challenger Disaster: The Ethical Dimensions." In: *Journal of Business Ethics*, 8, nº 4, 1989, pp. 217-30.
2. News Services, "The Challenger Tragedy: Joy Choked Off As Christa's Pupils Watch TV." In: *San Diego Union and Tribune*, 29 de janeiro de 1986, p. 1.

3. Em décadas recentes, muitos pesquisadores testaram a teoria por trás do movimento da participação do funcionário contemporâneo, mas seus resultados permanecem sem conclusão no que diz respeito à questão geral do efeito da participação em desempenho, rotatividade de pessoal e satisfação. Por exemplo, compare COTTON, John L. et al., "Employee Participation: Diverse Forms and Different Outcomes." In: *Academy of Management Review,* 13, nº 1, 1988, pp. 8-22, a WAGNER, John A., III, "Participation's Effects on Performance and Satisfaction." In: *Academy of Management Review,* 19, nº 2, 1994, pp. 312-30. Devido a esta incerteza erudita, as várias descobertas não são apresentadas aqui.

4. FLYNN, Gillian. "Pillsbury's Recipe is Candid Talk." In: *Workforce,* 77, nº 2, fevereiro de 1998, pp. 56-59.

DÉCIMO SEGUNDO PRINCÍPIO: Desenvolva a carreira do funcionário

1. BOULTON, Guy. "Secretaries Aspiring to Move Up Often Go Nowhere." In: *Houston Chronicle,* 5 de julho de 1991, p. 3.

2. Veja, como exemplo, QUAINTANCE, Marilyn K. "Internal Placement and Career Management." In: CASCIO, Wayne F. (ed.) *Human Resource Planning, Employment and Placement.* Washington, D.C.: Bureau of National Affairs, 1989, pp. 2-200 a 2-235.

3. BRETT, Jeanne M. e REILLEY, Anne H. "On the Road Again: Predicting the Job Transfer Decision." In: *Journal of Applied Psychology,* 73, nº 4, 1988, pp. 614-20; MALOS, Stanley B. e CAMPION, Michael A. "An Options-Based Model of Career Mobility in Professional Service Firms." In: *Academy of Management Review,* 20, nº 3, 1995, pp. 611-44.

4. CAUDRON, Shari. "HR Revamps Career Itineraries." In: *Personnel Journal,* 43, nº 4, abril de 1994, p. 64.

5. CAMPION, Michael A., CHERASKIN, Lisa e STEVENS, Michael J. "Career-Related Antecedents and Outcomes of Job Rotation." In: *Academy of Management Journal,* 37, nº 6, 1994, pp. 1518-42.

DÉCIMO TERCEIRO PRINCÍPIO: Avalie o desempenho de forma precisa

1. Esta história foi compilada das seguintes fontes: WELLS, Rob. "Concealed Agents Tell of IRS Abuses." In: *Houston Chronicle,* 26 de setembro de 1997, p. 1; VARTABEDIAN, Ralph. "IRS Admits It Ranked Staff Members by Aggressiveness." In: *Los Angeles Times,* 14 de janeiro de 1998, p. D1; ROSENBAUM, David E. "Internal Audit Confirms Abusive IRS Practices." In: *The New York Times,* 14 de janeiro de 1998, p. A14.
2. Para mais informações a respeito da relação entre a avaliação de desempenho e a estratégia, veja BEATTY, Richard W. "Competitive Human Resource Advantage Through the Strategic Management of Performance." In: *Human Resource Planning,* 12, nº 3, verão de 1989, pp. 179-94.
3. SCHELLHARDT, Timothy D. "Annual Agony: It's Time to Evaluate Your Work, and All Involved Are Groaning." In: *The Wall Street Journal,* 11 de novembro de 1996, p. A1.
4. Alguns dos melhores trabalhos na área de avaliação de desempenho e administração incluem BERNARDIN, H. John e KANE, Jeffrey S. *Performance Appraisal: A Contingency Approach to System Development and Evaluation,* 2ª ed. Boston: PWS Kent, 1993; LANDY, Frank J. e FARR, James L. *The Measurement of Work Performance: Methods, Theory and Applications.* Nova York: Academic Press, 1983; e BERNARDIN, H. John e BEATTY, Richard W. *Performance Appraisal: Assessing Human Behavior at Work.* Boston: Kent, 1984.

5. Análise de funções é tipicamente considerada um divisor de águas para um sistema de avaliação funcionário/gerência bem desenhado. Não apenas porque identifica o critério para avaliar o desempenho, mas também porque legitima e dá suporte aos padrões de recrutamento, critério de contratação, treinamento e desenvolvimento de metas, equiparação interna de salários e justificativas para promoção, disciplina e dispensa.

6. Citado em DEHAAN, M.R., II. *Our Daily Bread*, uma publicação devocional mensal da RBC Ministries. Grand Rapids, 4 de agosto de 1992.

7. Entre os trabalhos mais recentes nesta área estão GUION, Robert M. *Personnel Testing*. Nova York: McGraw-Hill, 1965; e BERNARDIN, H. John e WALTER, C.S. "Effects of Rater Training and Diary Keeping on Psychometric Error in Ratings." In: *Journal of Applied Psychology*, 62, nº 1, 1977, pp. 64-69.

8. DENISI, Angelo S., ROBBINS, Tina L. e CAFFERTY, Thomas P. "Organization of Information Used for Performance Appraisals: Role of Diary-Keeping." In: *Journal of Applied Psychology*, 74, nº 1, 1989, pp. 124-29; DENISI, Angelo S. e PETERS, Lawrence H. "Organization of Information in Memory and the Performance Appraisal Process: Evidence from the Field." In: *Journal of Applied Psychology*, 81, nº 6, 1996, pp. 717-38.

9. Para a articulação clássica deste problema, veja LANDY, Frank J. e FARR, James L. "Performance Rating." In: *Psychological Bulletin*, 87, nº 1, 1980, pp. 72-97.

DÉCIMO QUARTO PRINCÍPIO: Seja cuidadoso ao criticar

1. Esta história foi compilada das seguintes fontes: MALNI, Eric. "City Worker Held After 4 Supervisors Are Slain." In: *Los Angeles Times*, 20 de julho de 1995, p. A1; FELDMAN, Paul.

"Shootings Spark Calls for Better Security Measures." In: *Los Angeles Times,* 21de julho de 1995, p. B1; SIMON, Stephanie e FELDMAN, Paul. "Search Goes On for Answers to Violence in the Workplace." In: *Los Angeles Times,* 30 de julho de 1995, p. B1; MCGREEVY, Patrick. "Suspect Kept Gun at Work, Records Show." In: *Los Angeles Daily News,* 10 de agosto de 1995, p. 4; GILMORE, Janet. "Ex-City Worker Handed Life Term." In: *Los Angeles Daily News,* 8 de fevereiro de 1997, p. 4.

2. "Study: Evaluations Spurring Worker Aggression." In: *The Houston Chronicle,* 10 de abril de 1996, p. 4.

3. Para uma lista detalhada destes incidentes, veja GOODS, Stephen. "Cases of Workplace Attacks This Decade." In: *The Hartford (Connecticut) Courant,* 7 de março de 1998, p. A7.

4. Para um folheto demonstrativo sobre essa literatura veja: ILGEN, Daniel R. e MOORE, Carol F. "Types and Choices of Performance Feedback." In: *Journal of Applied Psychology,* 72, nº 3, 1987, pp. 401-406; TYLER, Kathryn. "Careful Criticism Brings Better Performance." In: *HR Magazine,* 42, nº 4, abril de 1997, pp. 57-61; MELLO, Jeffrey A. "The Fine Art of Reprimand: Using Criticism to Enhance Commitment, Motivation and Performance." In: *Employee Relations Today,* 22, nº 4, inverno de 1995, pp. 19-28.

5. Para mais informações a respeito da expressão sob a perspectiva do "eu", está disponível em FISHER, Roger e URY, William. *Getting to Yes: Negotiating an Agreement without Giving In,* 2ª ed. Nova York: Viking, 1991.

DÉCIMO QUINTO PRINCÍPIO: Premie os funcionários com elogios

1. Muito do que está aqui expresso teve sua origem numa resenha literária de CASCIO, Wayne F. *Applied Psychology in*

Human Resource Management, 5ª ed. Upper Saddle River, N. J.: Prentice Hall, 1998, pp. 270-71.

2. ILGEN, Daniel R., FISHER, Cynthia D. e TAYLOR, M. Susan. "Consequences of Individual Feedback on Behavior in Organizations." In: *Journal of Applied Psychology*, 64, nº 4, 1979, pp. 349-71.
3. GRELLER, Martin. "Evaluation of Feedback Sources as a Function of Role and Organizational Level." In: *Journal of Applied Psychology*, 65, nº 1, 1980, pp. 24-27.
4. HEROLD, David M. e PARSONS, Charles K. "Assessing the Feedback Environment in Work Organizations: Development of the Job Feedback Survey." In: *Journal of Applied Psychology*, 70, nº 2, 1985, pp. 260-305.
5. BLANCHARD, Kenneth e JOHNSON, Spencer. *The One Minute Manager*. Nova York: William Morrow, 1982; NELSON, Bob. *1001 Ways to Reward Employees*. Nova York: Workman, 1994.
6. JACOBY, Jacob et al. "When Feedback Is Ignored: The Disutility of Outcome Feedback." In: *Journal of Applied Psychology*, 69, nº 3, 1984, pp. 531-45. Veja também MARTOCCHIO, Joseph J. e DULEBOHN, James. "Performance Feedback Effects in Training: The Role of Perceived Accountability." In: *Personnel Psychology*, 47, nº 2, 1994, pp. 358-73.
7. STONE, Dianna L., GUEUTAL, Hal G. e MCINTOSH, Barbara. "The Effects of Feedback Sequence and Expertise of the Rater on Perceived Feedback Accuracy." In: *Personnel Psychology*, 37, nº 3, 1984, pp. 487-506.
8. Veja, como exemplo, NELSON, Bob. "Try Praise: It's the One Incentive Any Small Company Can Afford." In: *Inc.*, 1º de setembro de 1996, p. 115.
9. CHHOKAR, Jagdeep S. e WALLIN, Jerry A. "A Field Study on the Effect of Feedback Frequency on Performance." In: *Journal of Applied Psychology*, 69, nº 3, 1984, pp. 524-30.

10. Veja, como exemplo, McCORMACK, Mark H. "Being Praised Isn't Always What It Seems." In: *The (Cleveland) Plain Dealer,* 3 de junho de 1997, p. 12C.

11. Ambos os exemplos foram tirados de NELSON, Bob. "Try Praise." In: *Inc.,* 1º de setembro de 1996, p. 115.

DÉCIMO SEXTO PRINCÍPIO: Recompense os funcionários com lucros

1. "Sears Abuses Detailed, Workers Laud Crackdown on Auto Shops." In: *Los Angeles Daily News,* 12 de junho de 1992, p. B l.

2. "Sears Gives Coupons to the Clipped." In: *Newsday,* 30 de outubro de 1992, p. 53.

3. A pesquisa de 1995 entre 1383 empresas pela Towers-Perrin Co. está resumida por MATTHEWS, Jay. "Pay Raises Give Way to Bonuses." In: *The Washington Post,* 21 de julho de 1995, p. B3. O estudo de 1997 da Hewitt Associates concluiu que mais de dois terços das empresas pesquisadas (189) usavam um sistema de incentivo, como descrito em JOHNSSON, Julie. "Bonus Bust: Firms Fumble Cash Payout." In: *Crain's Chicago Business,* 1º de dezembro de 1997, p. 1.

4. PATTERSON, Martha Priddy. "Retirement Benefits in 1995: KPMG's Third Annual Survey Findings." In: *Journal of Compensation and Benefits,* 1, nº 3, novembro/dezembro de 1995, pp. 15-22. Veja também a pesquisa de 1995 da Towers-Perrin, resumida em "Nontraditional Pay Practices on the Rise." In: *Employee Benefit Plan Review,* 50, nº 4, outubro de 1995, p. 51.

5. Para um dos melhores trabalhos teórios sobre este tema, veja WEITZMAN, Martin L. e KRUSE, Douglas L. "Profit Sharing and Productivity." In: BINDER, Alan S. (ed.). *Paying for Productivity.* Washington D.C.: The Brookings Institution,

1990; e KRUSE, Douglas L. "Profit Sharing and Productivity: Microeconomic Evidence from the United States." In: *The Economic Journal,* 102, nº 1, janeiro de 1992, pp. 24-36.

6. O mais completo estudo empírico sobre este tópico é de KRUSE, Douglas L. *Profit Sharing: Does it Make a Difference?* Kalamazoo, Mich: W.E. Upjohn Institute, 1993.
7. Além dos estudos de Kruse de 1992 e 1993 (veja notas 5 e 6), outro estudo usado para esta seção inclui WADHWANI, Sushil e WALL, Martin. "The Effects of Profit Sharing on Employment, Wages, Stock Returns and Productivity: Evidence from UK Microdata." In: *The Economic Journal,* 100, nº 3, março de 1990, pp. 1-17; e FITZROY, Felix R. e KRAFT, K. "Cooperation, Productivity, and Profit Sharing." In: *Quarterly Journal of Economics,* 102, nº 1, 1987, pp. 23-35.
8. JOHNSSON, Julie. "Bonus Bust: Firms Fumble Cash Pay out." In: *Crain's Chicago Business,* 1º de dezembro de 1997, p. 1.
9. FREY, Robert. "The Empowered and the Glory: A Firm's Turbulent Turnaround." In: *The Washington Post,* 26 dezembro de 1993, p. H1.
10. FREY, Robert. "The Empowered and the Glory: A Firm's Turbulent Turnaround." In: *The Washington Post,* 26 dezembro de 1993, p. H1; e "CEO Finds Empowerment Pays." In: *The Cincinnati Enquirer,* 29 de julho de 1993, p. B9.

DÉCIMO SÉTIMO PRINCÍPIO: Contenha a fofoca no local de trabalho

1. VAUGHAN, Vicki. "E-mail's Burning up the Electronic Grapevine." In: *Austin-American Statesman,* 21 de novembro de 1993, p. E1.
2. "Did You Hear it Through the Grapevine?" In: *Training and Development,* 48, nº 10, 1º de outubro de 1994, p. 20.

3. WESTEN, Robin. "The Real Slant on Gossip." In: *Psychology Today*, 17 de julho de 1996, pp. 44-48.

4. Publicados em: *Indianapolis Business Journal*, 20 de novembro de 1995, p. 37; *Fort-Lauderdale Sun Sentinel*, 1º de maio de 1994, p. lE; *The Times of London*, 12 de agosto de 1996, p. 13; e *Fortune*, 19 de agosto de 1985, pp. 253-56, respectivamente.

5. DANZINGER, Elizabeth. "Minimize Office Gossip." In: *Personnel Journal*, 67, nº 11, novembro de 1988, pp. 31-34; BRUCE, William C. "Employers Have Reputations to Uphold." In: *Business Insurance*, 6 de julho de 1998, pp. 31-33; e CHANIN, John. "Draft a Clear Policy on Office Romance." In: *Denver Business Journal*, 19 de setembro de 1997, p. 28A.

6. LABOURDETTE, Shanna. "Measure Institutes New Policy Manual." In: *The Baton Rouge Advocate*, 17 de maio de 1995, p. 5B.

7. Veja, como exemplo, ZIGARELLI, Michael A. *Christianity 9 to 5: Living Your Faith at Work*. Kansas City: Beacon Hill, 1998, pp. 30-33, que analisa as descobertas e textos de EDER, Donna e ENKE, Janet L. "The Structures of Gossip." In: *American Sociological Review*, 56, nº 4, agosto de 1991, pp. 494-508.

8. MCCUNE, Jenny C. "Get the Message: E-mail Is Great, but it Can Be Too Public, Too Casual and Too Dangerous." In: *Management Review*, 86, nº 1, 1º de janeiro de 1997, pp. 10,11.

9. JONES, Anna. "Psst... Gossip Can Start a Walkout." In: *The Independent-London*, 3 de abril de 1997, p. 13.

DÉCIMO OITAVO PRINCÍPIO: Garanta critérios justos

1. SHALIT, Ruth. "Sexual Healing: The Accused Get Even." In: *The New Republic*, 27 de outubro de 1997, p. 17.

2. MAYNARD, Steve. "Ousted UPS Prof Wins $1.5 Million Judgment." In: *The (Tacoma) News Tribune,* 2 de julho de 1994, p. A1.

3. RIPLEY, John. "Dinsmore Awarded $805,000; Jury Agrees Former UMFK Professor Was Wrongfully Fired in '92." In: *Bangor (Maine) Daily News,* 11 de março de 1995, p. 1.

4. SHALIT, Ruth. Id., ibid.

5. *Gibson versus Philip Morris Inc.,* 685 N.E.2d 638, 645 (1997).

6. U.S. Dept. of Labor, Office of the Secretary, *Fact-finding Report Issued by the Commission on the Future of Worker-Management* Relations, 2 de junho de 1994. Washington, D.C.: Escritório de Impressão de Governo, p. 254.

7. *Black's Law Dictionary*, 6ª ed. S.v. "procedural due process". St. Paul, Minn.: West Publishing, 1990.

8. LIPSKY, David B. e SEEBER, Ronald L. "The Use of ADR in U.S. Corporations." In: Relatório da Universidade de Cornell, Escola de Relações Industriais e Trabalhistas. Ithaca, N.Y., 1997. Um resumo deste relatório pode ser achado em www.ilr.cornell.edu/depts/icr/new/execsum.html.

9. Informação sobre Brown & Root retiradas das seguintes fontes: VERESPEJ, Michael A. "Sidestepping Court Costs." *Industry Week,* 247, nº 3, 2 de fevereiro de 1998, pp. 68-71; ROBERTS, Sally. "ADR Helps Contain Costs." *Business Insurance,* 10 de março de 1997, pp. 3,4; WITTENBURG, Carol. "And Justice for All." *HR Magazine,* 1º de setembro de 1997, pp. 131-33; BENCIVENGA, Dominic. "Fair Play in the ADR Arena." *HR Magazine,* 1º de janeiro de 1996, pp. 50-52; *site* de Brown & Root (www.halliburton.com/bus.asp).

10. Para mais informações, veja ZIGARELLI, Michael A. "Compulsory Arbitration of Non-union Employment Disputes." In: *Human Resource Management Review,* 6, nº 3, 1996, pp. 183-206.

11. Veja BEDMAN, William L. "From Litigation to ADR: Brown & Root's Experience." In: *Dispute Resolution Journal,* 50, nº 4, 1995, pp. 8-15.

12. VERESPEJ, Michael A. "Sidestepping Court Costs." In: *Industry Week,* 247, nº 3, 2 de fevereiro de 1998, p. 68.

13. OUTTEN, Wayne N. "Negotiating and Drafting Severance Agreements on Behalf of Employees." In: Relatório do Practicing Law Institute, Washington, D.C., outubro de 1996, p.1001, n. 5.

DÉCIMO NONO PRINCÍPIO: Livre-se do que é desnecessário

1. RICKLEFS, Roger. "Christian-based Firms Find Following Principles Pays." *The Wall Street Journal,* 8 de dezembro de 1989, p. 1.

2. Para mais informações, veja o *site* da Comissão para Oportunidades Iguais de Emprego dos Estados Unidos na internet: www.eeoc.gov.

3. SCOTT, Dean. "Safety and Health: No Increase Found in Fatal Work Injuries." In: *Daily Labor Report,* 13 de agosto de 1998, p. D-11.

4. CHENEY, Karen. "Sticky Situations: Ready, Aim..." In: *Restaurants and Institutions,* 103, nº 18, 1º de agosto de 1993, p. 125.

5. Entre as fontes usadas para esta seção, estão: CAUDRON, Shari. "How to Terminate Potentially Violent Employees – and Live." In: *Workforce,* 77, nº 8, agosto de 1998, pp. 44-52; MICKEY, Paul F. "Tips for Handling Terminations." In: *Nation's Business,* 1º de setembro de 1994, p. 58; e STEINGOLD, Fred S. *The Employer's Legal Handbook.* Berkeley, Califórnia: Nolo, 1994.

6. VENNOCHI, Joan. "Bellygate." In: *The Boston Globe,* 1º de julho de 1994, p. 65; e BLANTON, Kimberly. "Bank of Boston Checking Into After-Work Party by Employees." In: *The Boston Globe,* 6 de julho de 1994, p. 30.

EPÍLOGO

1. GIOIA, Dennis A. "Pinto Fires and Personal Ethics." In: *Journal of Business Ethics,* 11, nº 5,6, maio de 1992, p. 380.

2. Id., ibid.

3. História compilada das seguintes fontes: GIOIA, Dennis A. Ibidem, pp. 379-90; e WHEELER, Malcolm E. "Product Liability: Civil or Criminal – The Pinto Litigation." *The Forum,* nº 17, outono de 1981, pp. 250-59.

PARABÉNS!

Você acaba de ler mais um livro publicado por uma editora que faz diferença no mercado editorial.

Caso tenha algum comentário ou sugestão, escreva, citando o livro que leu, para:

EDITORA MUNDO CRISTÃO
Caixa Postal 21.257, CEP: 04602-970
São Paulo - SP

Caso queira conhecer outros livros da Editora Mundo Cristão, visite nosso *site* na Internet através do seguinte endereço:

www.mundocristao.com.br

ou peça nosso catálogo pelo telefone:
(11) 5668-1700

Este livro foi composto por Viviane
Fernandes Costa, em AGaramond,
e impresso pela Oesp Gráfica S.A., em
papel offset 75 g/m², com filmes
fornecidos pela Digilaser.